Petra Hartmann

Zwischen Barrikade, Burgtheater und Beamtenpension

Die verbotenen jungdeutschen Autoren nach 1835

Petra Hartmann

ZWISCHEN BARRIKADE, BURGTHEATER UND BEAMTENPENSION

Die verbotenen jungdeutschen Autoren nach 1835

ibidem-Verlag
Stuttgart

Bibliografische Information der Deutschen Nationalbibliothek
Die Deutsche Nationalbibliothek verzeichnet diese Publikation in der Deutschen Nationalbibliografie; detaillierte bibliografische Daten sind im Internet über http://dnb.d-nb.de abrufbar.

Bibliographic information published by the Deutsche Nationalbibliothek
Die Deutsche Nationalbibliothek lists this publication in the Deutsche Nationalbibliografie; detailed bibliographic data are available in the Internet at http://dnb.d-nb.de.

∞

Gedruckt auf alterungsbeständigem, säurefreien Papier
Printed on acid-free paper

ISBN-10: 3-89821-958-5

ISBN-13: 978-3-89821-958-7

Printed in Germany

Inhaltsverzeichnis

Einleitung

„Das Junge Deutschland“ – in den Literaturgeschichten ist dieser Name untrennbar verbunden mit dem Bundestagsbeschluss vom 10. Dezember 1835, durch den die Werke der fünf Schriftsteller Heinrich Heine, Theodor Mundt, Karl Gutzkow, Ludolf Wienbarg und Heinrich Laube verboten wurden. Das Verbot als Höhe- und gleichzeitig Schlusspunkt einer literarischen Bewegung, die erst wenige Jahre davor begonnen hatte, prägte denn auch die Wahrnehmung und die Untersuchung der betreffenden Autoren und ihrer Werke durch die Literaturwissenschaft, sodass der Fokus zumeist auf der ersten Hälfte der 1830er Jahre lag.

Jene unter den Verbotenen und ihren Weggefährten, die auch nach 1835 noch eine literarische Karriere machten und umfangreiche Werke schufen – man denke etwa an die Romane Karl Gutzkows – werden in dieser zweiten Phase ihres Lebens weniger als „jungdeutsch“ wahrgenommen, sondern eher dem bürgerlichen Realismus zugeordnet, oft unterstützt durch die Selbstdarstellung der Betroffenen, für die eine Erinnerung an die jungdeutsche Epoche wenig vorteilhaft erschien. Einzig Heine blieb immer eine Kategorie für sich.

Es sind getrennte Wege, die die fünf Verbotenen und ihre literarischen Verbündeten nach 1835 gehen. Wie es auch getrennte Wege waren, die diese Autoren vor dem Jahr 1835 gingen. Es gab zwar erste Versuche einer Zusammenarbeit, wie etwa die von Karl Gutzkow und Ludolf Wienbarg in Frankfurt aus der Taufe gehobene Zeitschrift „Deutsche Revue“ oder wie den Berliner Freundeskreis um Theodor Mundt, zu dem außer seinem „alter Ego“ Gustav Kühne auch der Schriftsteller Heinrich Stieglitz und seine Frau Charlotte gehörten, doch die große Vereinigung aller „jungen“ Kräfte unter dem Banner eines „Jungen Deutschlands“ blieb aus. Das Verbot sorgte dafür, dass die Autoren sich gar nicht erst zu einem gemeinsamen Vorgehen vereinigen konnten – und später auch tunlichst vermieden, mit den anderen gemeinsam wahrgenommen zu werden.

Und dennoch berühren sich die Lebensläufe und Gedankengänge der ehemaligen Jungdeutschen immer wieder. Im Folgenden soll versucht werden, einigen dieser Berührungspunkte nachzuspüren.

So gibt es von drei der fünf Verbotenen – Heinrich Heine, Theodor Mundt und Ludolf Wienbarg – eine Reisebeschreibung von der Insel Helgoland, auf der sie in politischen und persönlichen Krisensituationen Atem schöpften und wieder zu sich selbst fanden. Ein weiteres Beispiel für getrennte, jedoch parallele Wege: Für die meisten dieser begeisterten Bannerträger eines neuen, modernen Prosastils folgte auf das Verbot der Versuch, als Theaterautor Fuß zu fassen, ein Versuch, der für Heinrich Laube und Karl Gutzkow auch von Erfolg gekrönt war. Auch das Schillersche Demetrius-Fragment hat es gleich mehreren dieser Autoren angetan. Sowohl Heinrich Laube als auch Gustav Kühne schufen auf der Basis des von Schiller unvollendet hinterlassenen Textes ein eigenes Drama, und Karl Gutzkow schrieb mit seinem „Pugatscheff" ein Seitenstück zur Demetrius-Frage über die Rechtmäßigkeit eines durch die Blutlinie begründeten Herrschaftsanspruchs, in der diese „Legitimität" noch radikaler geleugnet und ad absurdum geführt wird.

Auch in der Revolution von 1848 sind die politischen Vorkämpfer von einst wieder als Verfasser von freiheitlichen Schriften oder auch als Abgeordnete anzutreffen, auch wenn inzwischen jüngere und radikalere Autoren die Jungdeutschen längst überholt hatten.

Einen Ausgangspunkt für diese Studien soll eine Analyse der Zeitstimmung in den Jahren 1834/1835 bilden, in der der Selbstmord der Charlotte Stieglitz vor dem Hintergrund eines jungdeutschen Panoramas geschildert wird. Hier soll ein Bild der Autoren Theodor Mundt, Gustav Kühne, Karl Gutzkow, Georg Büchner und des Ehepaars Stieglitz entstehen, in dem die literarische, aber auch die psychologische Konstellation deutlich wird, in der diese sehr unterschiedlichen und doch literarisch verwandten Schriftsteller in diesem Krisenjahr auf die Katastrophe zusteuerten.

Die Rosskur der Charlotte Stieglitz

I. Jungdeutsches Zeitgefühl und eine Literatur des Übergangs

Alles, was einst war, ist nicht mehr;
alles, was einst sein wird, ist noch nicht.
Hier und sonst nirgends soll man
das Geheimnis unserer Leiden suchen.
(Alfred de Musset)

Charlotte Stieglitz, Gattin des Dichters Heinrich Stieglitz, gab sich am 29. Dezember des Jahres 1834 den Tod. Im Folgenden soll anhand von fünf Schriftstellern und ihren Veröffentlichungen vor und nach dieser Tat der emotionale Zustand ihres Freundeskreises und kulturellen Umfeldes untersucht werden. Es ist der Versuch, Charlottes Selbstmord in das literarische Panorama des Jungen Deutschlands einzuordnen.

Die Situation des Jungen Deutschlands, aus der auch Charlottes Tat entsprang, ist vor allem bestimmt durch die Mentalität, die „Zeitstimmung" dieser frühen dreißiger Jahre des vergangenen Jahrhunderts. In Frankreich hatte die Julirevolution den Ruf nach „Freiheit, Gleichheit, Brüderlichkeit" wieder laut werden lassen, und auch die deutschen Literaten waren von dieser Sehnsucht nach Freiheit ergriffen und schrieben für „Preßfreiheit", „Einheit" und „Demokratie" oder auch einfach nur für eine neue Literatur und die Abschaffung veralteter Stilformen, zum Beispiel der Lyrik[1]. Große Umwälzungen lagen in der Luft, und es bildete sich ein besonderes „Zeitgefühl" und „Zeitbewusstsein" heraus. Mit Goethe hatte man die alte Weltordnung zu Grabe getragen. 1835 setzte ihm Bettina von Arnim in ihrem Goethebuch ein Denkmal, für das sie begeistert in die Reihen der Jungdeutschen aufgenommen und zur Mitarbeit an Gutzkows und Wienbargs „Deutscher Revue" aufgefordert wurde. Im selben Jahr verstarb mit Wilhelm von Humboldt der letzte der drei großen Vertreter der Klassik. Hegel, dessen Vorlesungen die jungen Dichter Mundt, Kühne, Gutzkow und Stieglitz teils verehrungs-, teils verzweiflungsvoll gelauscht hatten, war bereits 1831 gestorben; auch ein Ende der Romantik war absehbar, in den letzten Auswüchsen dieser von den Jungdeutschen als krankhaft betrachteten Literaturrichtung glaubte man, endlich das Mittelalter überwunden zu haben, und irgendwo in nicht mehr allzu ferner Zukunft vermutete man eine neue Zeit, als deren Wegbereiter und Steigbügelhalter

[1] z. B. Theodor Mundt: Die Kunst der deutschen Prosa. Ästhetisch, literargeschichtlich, gesellschaftlich. Berlin, 1837. (Reprint mit einem Nachwort v. Hans Düvel. Göttingen, 1969)

man die Gegenwart ansah. Es ist das Zeitalter „Zerrissenen" (Ungern-Sternberg, 1832), der „Epigonen" (Immermann, 1836) einer großen Vergangenheit, auch das Jahr der ersten deutschen Eisenbahnverbindung (Nürnberg-Fürth, eröffnet am 7. Dezember 1835). In der Aufbruchstimmung fühlte man sich dem Reformationszeitalter verwandt, Luther stand in hohen Ehren.

In den Augen der Jungdeutschen war es eine Übergangsepoche. Ihre Welt war geprägt von Gegensätzen, die in den einzelnen Menschen aufeinanderprallten: Mittelalter auf der einen Seite, Neuzeit auf der anderen; politischer Schriftsteller und zugleich Dichter; Verstand contra Sinnlichkeit oder – nach der Formel von Grabbe, Mundt und Kühne – Don Juan und Faust. Das Wort von der „Zerrissenheit" war bereits von den Romantikern geprägt worden und fand seine äußere Entsprechung in der Zerstückelung Deutschlands (fast 40 souveräne Staaten). Georg Herwegh spricht in seinem Nachruf auf den 1837 verstorbenen Georg Büchner von einer „halben, irrgeword'nen Zeit", von einer

> „Zeit, so wetterschwül und bang,
> Die noch im Ohr der Kindheit Glockenklang
> Und mit der Hand schon nach dem Schwerte zittert,
> Zur Hälfte tot, zur Hälfte neugeboren,
> Gleich einer Pflanze, die den Frühling wittert
> Und ihre alten Blätter nicht verloren."[2]

Und Robert Prutz vermerkt über die Jungdeutschen: „Das durchaus Unvereinbare, das nie zu Versöhnende glaubte das Junge Deutschland in sich vereinigen zu können: die Willkür des romantischen Subjekts und die Strenge der Philosophie, Hegel und Heine."[3]

Der allgemeine Sinn für Gegensätzlichkeiten wurde zumindest für den Berliner Zweig des Jungen Deutschlands noch verstärkt durch Hegel, der in dieser Stadt lehrte und seinen Zuhörern die dialektische Methode derart unausrottbar einpflanzte, dass sie selbst nach der „Überwindung Hegels"[4] aus dem Denkschema von These-

---

2 Georg Herwegh: Gedichte eines Lebendigen. Mit einer Dedikation an den Verstorbenen. Zürich, Winterthur, 1843. S. 167.

3 Robert Prutz: Vorlesungen über die deutsche Literatur der Gegenwart. Leipzig, 1847. S. 288f. Zit. n.: Walter Grupe: Mundts und Kühnes Verhältnis zu Hegel und seinen Gegnern. Halle, 1928. S. 11.

4 Walter Grupe: A. a. O. S. 97.

Antithese-Synthese nicht ausbrechen konnten, sodass sich beispielsweise bei einer Beschäftigung mit Faust automatisch der Gedanke an seinen Widerpart Don Juan aufdrängte oder bei Betrachtung der Liberalen sofort an die Absolutisten gedacht werden musste. Es ist eine unfertige Epoche, die auch eine unfertige Literatur hervorbringt, wie Mundt in der Madonna, dem „Buch der Bewegung", feststellt:

> „Die Zeit befindet sich auf Reisen, sie hat große Wanderungen vor, und holt aus, als wollte sie noch unermeßliche Berge überschreiten, ehe sie wieder Hütten bauen wird in der Ruhe eines glücklichen Thals. Noch gar nicht absehen lassen sich die Schritte ihrer befriedigungslosen Bewegung, die von Zukunft trunken scheint. Und daher das Unvollendete dieser Bewegungsbücher, weil sie noch bloß von Zukunft trunken sind, und keiner Gegenwart voll!"[5]

Diese Untersuchung ist der Versuch einer Momentaufnahme. Sie stellt die Texte und Lebenssituationen der Schriftsteller Theodor Mundt, Gustav Kühne, Karl Gutzkow, Georg Büchner und Heinrich Stieglitz innerhalb eines Zeitraums von etwa einem Jahr (1834/35) einander gegenüber und setzt sie in Beziehung zueinander und zum Tode Charlottes. Entstehen soll so das Stimmungsbild einer literarischen Gruppierung, die, seit man den Namen „Junges Deutschland" für sie verwendet, von zwei Mythen umgeben ist: vom Mythos der Zusammengehörigkeit ihrer Autoren und vom Mythos der Beliebigkeit dieser Kategorie. Die Wahrheit liegt wohl wie immer in der Mitte, so wird hier die Rede sein von einer Handvoll Schriftsteller, die aufgrund ihrer Herkunft und Zeit ähnliche Probleme zu bewältigen hatten und, zum Teil durch Kommunikation untereinander, zum Teil unabhängig von den anderen, ähnliche Lösungen fanden. Hinsichtlich Charlottes und ihres Mannes muss man allerdings von einem Fehlschlag sprechen.

[5] Theodor Mundt: Madonna. Unterhaltungen mit einer Heiligen. Leipzig, 1835. S. 434. Im Folgenden zitiert als: M.

II. Vier jungdeutsche Standortbestimmungen

1. Mundt, 1834

Der Politiker von Kleinweltwinkel

Nur durch das Extreme hat die Welt ihren Wert,
nur durch das Durchschnittliche ihren Bestand.
(Paul Valéry)

Im Jahre 1834 erscheint unter dem Titel „Moderne Lebenswirren. Briefe und Zeitabenteuer eines Salzschreibers" die vorläufige Lebensbilanz eines 25 Jahre jungen deutschen Schriftstellers, der sich zu dieser Zeit bereits einen gewissen Bekanntheitsgrad erworben hatte. Der Verfasser Theodor Mundt tritt aus zensurtaktischen Gründen[6] lediglich als Herausgeber der Briefe eines Bekannten, „die eine nun abgeschlossene Periode seines Lebens umfassen"[7], auf, doch ist die auf den ersten Blick hochgradig konstruiert wirkende und die Hegelsche Dialektik persiflierende Geschichte des Salzschreibers Seeliger fast vollkommen deckungsgleich mit der bisherigen Biographie Mundts; selbst das Geburtsdatum Seeligers ist identisch mit dem seines Autors, und in der Brieffreundin Esperance ist unschwer Mundts Freundin Charlotte Stieglitz wiederzuerkennen[8], von der der Herausgeber im Vorwort von 1834 noch launig versichern kann: „Daß die köstliche Esperance lebt, versteht sich von selbst. Nur heißt sie nicht so. Dem vertrautesten Leser will ich ihren Namen ins Ohr flüstern. Sie heißt *********. – "[9] Heinrich Hubert Houben weist darauf hin, dass sogar die Anzahl der Sterne genau mit der Buchstabenzahl des Namens „Charlotte" übereinstimmt. Walter Grupe nennt die „Lebenswirren" unter anderem „Als Kritik genial, als Autobiographie höchst aufschlußreich und als Novelle ungenießbar"[10].

---

6 Diese Methode wandte er auch bei der „Madonna" an, und auch Kühne in der „Quarantäne" bedient sich dieser Strategie. Beeindrucken ließen sich die Zensoren davon allerdings nicht.

7 Theodor Mundt: Moderne Lebenswirren. Briefe und Zeitabenteuer eines Salzschreibers. Leipzig, 1834. S. 1. Im Folgenden zitiert als M.L.

8 vgl. Heinrich Hubert Houben: Jungdeutsche Lebenswirren. In: H.H.H.: Jungdeutscher Sturm und Drang. Hildesheim, New York, 1974 (Reprint der Ausgabe Leipzig, 1911)

9 M. L., S. 2.

10 Walter Grupe: A.a.O. S. 68.

Es ist durchaus als eine Selbstdiagnose zu verstehen, wenn Mundt unter dem Deckmantel des Herausgebers im Vorwort seinen Helden Seeliger folgendermaßen charakterisiert: „Er war von jeher ein Mensch, der sich in beständigen Widersprüchen umherbewegte, und es ist durchaus kein Wunder, daß er allen Parteileidenschaften seiner Zeit zum Opfer fallen mußte.“[11] Denn die „Parteileidenschaften“, denen der arme Seeliger „zum Opfer fiel“, hat Mundt selbst innerhalb von kurzer Zeit am eigenen Leib erfahren. In Leipzig beim Erwachen seines politischen Interesses zum glühenden Liberalen geworden, später Mitarbeiter der erzkonservativen „Preußischen Staatszeitung“ in Berlin, anschließend kurzfristig Juste-Milieu-Anhänger[12], wusste er genau, wovon er schrieb, als er seinen Helden nacheinander allen drei Richtungen anhängen ließ. Bei all seiner heftigen Kritik an Hegel und seinen Methoden war Mundt trotz allem wohl (und nicht nur in diesem Punkt) derjenige, der das dialektische Prinzip am konsequentesten durchlebt hat, auch später noch findet er sich häufig auf einander völlig ausschließenden Standpunkten, zwischen denen er zu vermitteln sucht, sodass er zum Beispiel in der „Madonna“ selbstironisch ausruft: „Ist das nicht eine lächerliche Vielseitigkeit an mir?“[13]

Die Ursache für diese Grundhaltung sieht Mundt in der Zeit selbst, der eigentümlichen Zeitstimmung, die zwischen 1815 und 1848 (beziehungsweise konkreter: zwischen 1830 und 1835) in der Luft lag: das Gefühl, die Vergangenheit sei beendet, und die Zukunft sei im Kommen, aber noch nicht ganz da. Seeliger, der als Salzschreiber in Kleinweltwinkel sein redliches Auskommen hat und somit allen Grund, zufrieden zu sein, empfindet diese Zeitkonstellation geradezu als bedrückend, als krankhaft: „Ich spüre eine Krankheit in mir, die ich noch in keiner Pathologie beschrieben gefunden. Ich habe den Zeitpolyp.“[14] Es ist dies eine „schwere, zehrende Krankheit“[15] mit äußerst beunruhigenden Symptomen: „Der Zeitgeist zuckt, dröhnt, zieht, wirbelt und hambachert in mir, er pfeift in mir hell wie eine Wachtel, spielt die Kriegstrom-

11 M. L., S. 1.

12 vgl. Otto Draeger: Theodor Mundt und seine Beziehungen zum Jungen Deutschland. Marburg, 1909. S. 31.

13 M., S. 345.

14 M. L., S. 11.

15 ebd.

pete auf mir, singt die Marseillaise in all meinen Eingeweiden, und donnert mir in Lunge und Leber mit der Pauke des Aufruhrs herum."[16]

So leidet Seeliger ohne Hoffnung auf Heilung, bis eines Tages ein hochgestellter Fremder in Kleinweltwinkel auftaucht, von dem man vermutet, dass „seine Vollmachten [...] auf eine entscheidende Weise mit den Zeitereignissen in Berührung stehen."[17] Es dauert nicht lange, und der fremde Herr von Zodiacus hat Seeliger seinen „Zeitpolyp operirt"[18], indem er ihn zum Liberalismus bekehrt. Denn gerade die Liberalen seien „vorzugsweise Zeitindividuen", „Ritter der Tagesgeschichte" und „Taufpathen der Zeitbegebenheiten"[19], die das Prinzip der Zukunft vertreten, kurz: Sie sind wie Seeliger. Seeliger ist nach diesem Gespräch wie ausgewechselt und gibt sich mit wahrem Feuereifer der Politik hin, das heißt: Soweit es die Kleinweltwinkeler Verhältnisse erlauben, bemüht er sich karikaturhaft um das Weltgeschehen. Er abonniert Zeitungen und verfasst zwei liberale Manifeste („Gegen das Hut-Abnehmen"; „Reformirung des deutschen Briefstils"), beide zur Sicherheit anonym. Schließlich stellt er in komischer Verzweiflung fest:

> „Ich bin nun bereits seit vierundzwanzig Stunden liberal, und mir wird wirklich allmählich angst, was ich eigentlich damit hier anfangen soll. Kommt es heraus, so verliere ich meinen Posten [...]! Kommt es nicht heraus, so ist es noch viel schlimmer. Denn dann ist es ja eigentlich ganz unnütz, daß ich liberal bin!"[20]

So ist es nicht weiter verwunderlich, dass Seeligers Liberalismus allmählich versandet und schließlich damit endet, dass er der Brieffreundin Esperance ein für sie äußerst schmeichelhaftes drittes Manifest zusendet: „Die Frauen sollen König sein!"[21] Als er obendrein feststellt, „daß in jener liberalen Zeitansicht [...] *ein antideutsches* Element mitinliegt"[22], ist sein Bruch mit dieser Partei perfekt.

Zodiacus zeigt sich über diesen Sinneswandel weder erstaunt noch verärgert. Im Gegenteil: Er selbst sei überhaupt nicht für das „Princip der Zukunft"[23], den Liberalismus, eingenommen. „Ist denn das eigentliche Element des Lebens, worauf wir fußen

---

16 ebd. S. 11f.
17 ebd. S. 22.
18 ebd.
19 ebd. S. 29.
20 ebd. S. 46.
21 ebd. S. 75.
22 ebd. S. 90f.
23 ebd. S. 91.

sollen, *die Zukunft*? Mitnichten, mein Freund! Es ist die *Vergangenheit*, auf der Alles ruht!"[24] Zodiacus erklärt, seine früheren Ausführungen über den Liberalismus seien nur um des Kontrastes willen geschehen, er habe Seeliger lediglich durch das Aufzeigen des Gegenteils zur einzig wahren Partei hinführen wollen: „Werden Sie Royalist, Legitimist, Absolutist! Sie werden sich wohl dabei befinden, dies ist eine Ihrer begabten Natur, ihrem edeln Charakter ganz angemessene Richtung."[25] Schließlich seien die Fürsten die „geborenen Beschützer der Künste"[26], und somit sei auch die absolutistische die ideale Partei für einen schriftstellernden Jüngling wie Seeliger. Hatte er eingangs noch Esperances Aufforderung zum Schreiben rundweg abgewehrt, so verkündet nun der neue Seeliger freudig: „Ich will gern in einer absoluten Monarchie leben, wenn sie mir eine Pension bewilligen wollen, so daß ich ruhig alle Tage dichten und denken kann und darum nichts weniger zu essen brauche."[27]

Seeliger bestellt also seine Zeitungen wieder ab, kriecht vor der bourbonennasigen Frau seines Vorgesetzten und träumt vom üppigen Leben des Adels. „Im Absolutismus liegt eigentlich ein wahrer Don Juan des Genießens versteckt"[28]. Allein, auch hier scheitert er an der Enge seines Wohnortes. „Was sollte wohl ein Don Juan in Kleinweltwinkel anfangen?"[29]

Und so äußert sich Seeligers Absolutismus ausschließlich im Entwurf einer neuen Literaturtheorie. Dieser ist sehr charakteristisch für die Literatur einer „zeitkranken" Generation: „Ich glaube an keine ewige Dauer des Kunstwerks. Es ist auf die Woge seiner Zeit geschrieben, es ist den Stürmen der Geschichte und der Umwälzung der Gesinnungen unterworfen. Es ist ein wandelbares Gut des Geschlechts."[30] In einer solchen Zeitbezogenheit allerdings wird der absolute Seeliger nach und nach vollkommen unabsolut, sein Dichtungsentwurf gipfelt schließlich in der Aussage:

> „Es ist gar zu schwer und fast schaurig, dichten zu wollen für eine ganze Ewigkeit. Ich abstrahire bei meinen Büchern, die ich schreiben werde, von der Nachwelt; ich verlange nicht einmal Gottes Lohn dafür. Denn soll mich der liebe Gott noch dafür belohnen, daß ich mich hienieden schönstens amüsiert habe, Bücher zu schreiben und drucken zu lassen? Soviel

---

[24] ebd. S. 92.
[25] ebd. S. 94.
[26] ebd. S. 97.
[27] ebd. S. 102.
[28] ebd. S. 128.
[29] ebd. S. 129.
[30] ebd. S. 150.

> Ansprüche mache ich nicht. Ich will nur meiner Mitwelt ins Auge sehen, wenn ich schreibe."[31]

Die Konsequenz aus dieser Erkenntnis ist, dass Seeliger bald auch seiner zweiten Partei den Laufpass gibt: Er erklärt seinem Mentor Zodiacus, er habe festgestellt, dass diese Richtung „die Deutschen zwar zur Kunst zurückführt [...], aber sie ebenso von lebensspendender *Politik* ewig lange entfernt"[32]. Zodiakus stimmt zu. Er selbst habe es nie ernst damit gemeint, seine Absicht sei vielmehr gewesen, Seeliger durch das Aufzeigen beider Extreme zu der einzig vernünftigen Mittelposition, und damit zum Prinzip der „Gegenwart" hinzuführen:

> „Ich verkenne eben so wenig die Grundwahrheiten, die der Absolutismus in sich hat, als ich die ewigen Grundwahrheiten verkennen möchte [...], an welchen der Liberalismus in dieser Zeit Antheil hat. Man thut Unrecht, beide abzuweisen, man muß sie gegeneinander auszugleichen verstehen. Und diese Kunst der Ausgleichung ist die höchste Politik, sie enthält zugleich die einzige Wahrheit! [...] Mit einem Wort: ich beschreibe Ihnen den Sieg des *Juste-Milieu-Systems*!"[33]

Diesmal jedoch ist Seeliger nicht so leicht zu fangen. Er hält eine flammende Rede zur Verteidigung der Extreme gegen das unheroische, hausbackene Juste-Milieu, während der allerdings Herr von Zodiacus einschläft. Voll Wut setzt sich der Salzschreiber an den Schreibtisch und verfasst „Die Mythe vom Klugsch.", die Geschichte eines Besserwissers, der am 7. Schöpfungstage „die erste Recension über die Schöpfung [schrieb]. Er klagte Gott an, daß es allen Einrichtungen auf dieser Erde an einer richtigen Mitte fehle."[34] Von Gott verflucht, „warf sich der arme Klugsch.ß.r aus Verzweiflung endlich auf die Politik"[35], wo er zum für Seeliger widerwärtigsten überhaupt degenerierte, nämlich: „Er wurde Juste-Milieu-Mann"[36]

Allerdings: Anlässlich seines Geburtstages in melancholische Stimmung verfallen, beginnt Seeliger zu philosophieren und gelangt zu dem Schluss, dass das Juste-Milieu, obwohl trocken und phantasielos, wahrscheinlich die vernünftigste Weltanschauung sei. Weniger aus Überzeugung als vielmehr aus Pflichtbewusstsein gegen-

---

31 ebd. S. 152.

32 ebd. S. 183.

33 ebd. S. 187f.

34 ebd. S. 200.

35 ebd. S. 201.

36 ebd.

über dem Vollständigkeitsgedanken, ermahnt er sich: „Du darfst diese Stufe Deiner Zeitbestrebungen nicht überspringen!“[37] und beschließt:

> „Ich habe vom Liberalismus unbefriedigt mich abgewandt, ich habe vor der Thür des Absolutismus den Staub von den Füßen geschüttelt, und will nun einmal so thun, als wäre ich plötzlich ein Justemilieu-Mensch geworden, um wenigstens zu sehen, ob ich etwas dabei in mir erleben kann.“[38]

Da ihm die neue Richtung vor allem als „Reflectir-Pricip“ und philosophisches Denkmodell erscheint, besteht die Juste-Milieu-Tätigkeit des Salzschreibers hauptsächlich darin, eine „Seeligersche Philosophie“ zu entwerfen. Eine innere Befriedigung erfährt er aus seiner Beschäftigung mit dieser „lauwarmen Vernunftspartei“ jedoch nicht einmal andeutungsweise.

In diesem Zustand widerfährt es dem „armen Juste-Milieu-Seeliger“[39], Zeuge einer Unterhaltung des Herrn von Zodiacus mit dessen Großmutter zu werden. Zodiacus entpuppt sich als der leibhaftige Parteiteufel, eine moderne Neuauflage des Mephistopheles, für den Seeliger nichts als ein interessantes Spielzeug gewesen ist: „Der junge Mann hatte Anlagen zu einem politischen Werther dieser Zeit, und dies interessierte mich an ihm. Ich dachte, er würde sich entweder aus Liberalismus oder aus Absolutismus todtschießen [...].“[40]

Seeliger, der darauf stolz war, „daß es mir mit Allem ein heiliger Ernst ist, wenn ich mich auch komisch und ungeschickt dabei benehme“[41], sieht sich nun nach seiner hundertprozentigen Hingabe an die einzelnen Parteien vollständig der Lächerlichkeit preisgegeben. Die Katastrophe ist perfekt, Seeligers Welt ist zusammengestürzt, und so vermerkt er unter dem Titel „Zeitlosen“:

> „Ich bin Nichts! Ich bin nichts! Die Ebbe meiner Bestrebungen ist gekommen. Da sitze ich am öden Ufer, und sehe, wie der hohe Strom meiner politischen Meinungskämpfe endlich gefallen und ganz unter sein Niveau hinabgesunken ist! Ich bin Nichts! Ich bin gar nichts! Alle Zeitrichtungen habe ich jetzt in mir durchgelebt und bin nun zu guter Letzt Nichts geworden. Auch das Nichts des Juste-Milieu bin ich nicht mehr.“[42]

---

37 ebd. S. 206.

38 ebd. S. 207.

39 ebd. S. 230.

40 ebd. S. 246.

41 ebd. S. 81.

42 ebd. S. 231.

Seeligers Engagement, sein „Feuereifer[,] jede Partei der Zeit zu ergreifen, und sogleich mit und in ihr zu denken und zu streiten“[43], ist ins Leere gelaufen, schlimmer noch, man hat ihm das angetan, was für jeden überzeugten Verfechter einer Meinung das Verletzendste überhaupt ist, nämlich ihn nicht ernst zu nehmen: „Die Zeit hat mit mir gespielt, wie die Katze mit der Maus.“[44]

Der Salzschreiber ist ein geschlagener Mann. Er hat nicht nur eine von vielen politischen Überzeugungen verloren, sondern alle; er hatte hohe Ideale und ist damit zur komischen Figur geworden; sein Leben ist keinem tieferen Sinn mehr geweiht, der Zusammenbruch ist vollkommen und irreversibel:

> „Ein Ausgestoßener der Zeit, werde ich fortan als ein Eremit aller Richtungen in die Einsiedelei der Hoffnungslosigkeit mich verschließen, und von den Wurzeln und Kräutern der Gleichgültigkeit mich ernähren. Ich habe keine Liebe, keine Freude und keinen Glauben mehr. Mir ist wie einem Mann zu Muthe, der einen Prozeß verloren hat, bei dem alles auf dem Spiele gestanden. Er hat es nun nie wieder nöthig, Prozesse zu führen.“[45]

Seeliger ist kein politischer Werther. Er schießt sich nicht tot. Er gewinnt sogar den Glauben an die Zukunft[46] zurück. Doch die Wunde, die ihm Zodiacus geschlagen hat, wird er nicht wieder anrühren, sondern sich mit politischer Gleichgültigkeit schützen und „in's Privatleben zurückkehren“[47]. Den Rest seiner Tage wird er als Politikverdrossener in „Harmonie“[48] an der Seite seiner Esperance verbringen:

> „So endet Deutsche Politik! Sie zieht sich in's Privatleben zurück. Sie begiebt sich in eine glückliche Häuslichkeit, macht die Stubenthür hinter sich zu, und läßt die Zeit draußen in Wind und Wetter sich vertoben. So endet Deutsche Politik!“[49]

So endet eine Politikerkarriere: „Ich werde meine historisch-komischen Novellen[50] schreiben!“[51]

---

43 ebd. S. 232.
44 ebd.
45 ebd. S. 233.
46 = Prinzip des Liberalismus
47 M. L., S. 265.
48 = Prinzip des Juste Milieu
49 M. L., S. 265.
50 = Tätigkeit des absoluten Seeliger
51 M. L., S. 267.

2. Kühne, 1835

Der Philosoph auf dem Mondstein

Ruhe ist die erste Bürgerpflicht.

(Friedrich Wilhelm Graf von Schulenburg-Kehnert)

„Mit meinem alten Freund Kienast mußte ich auch noch, kurz vor meinem Abgange aus der Hauptstadt, zerfallen“[52], lässt Mundt in den „Lebenswirren“ seinen Salzschreiber der Brieffreundin mitteilen und führt mit ihm eine Figur ein, die mit dem Handlungsgefüge des Romans eigentlich in keinerlei Verbindung steht. Später[53] wird der Zerfall mit Kienasts philosophischem Backenbart erklärt. Zum dritten und letzten Mal taucht diese mysteriöse Figur an Seeligers Geburtstag auf, als er ein Gratulationsschreiben schickt: „Denke Dir, der Aufmerksame gratulirt mir heut zu meinem Geburtstag, und bittet mich, alles unter uns Vorgefallene zu vergessen. Am seltsamsten aber, auch sein Brief ist ganz voll von Philosophie“[54]. Der Brief hat eine reale Vorlage. Gustav Kühne hatte ihn an seinen Freund Mundt geschrieben, als den Versuch, die persönlichen Dissonanzen zwischen beiden (nach einem Streit über Hegel) wieder aufzuheben. Kühne hatte keine Schwierigkeiten, sich in jenem Kienast wiederzuerkennen. In seiner Rezension der „Lebenswirren“ heißt es unter anderem augenzwinkernd: „Ein anderer von seinen Freunden, über dessen Backenbart der Salzschreiber so viel Lärm macht, kommt schlechter fort.“[55]

In seinem im folgenden Jahr erschienenen Buch „Eine Quarantäne im Irrenhause. Novelle aus den Papieren eines Mondsteiners“ revanchiert er sich denn auch beim Verfasser der „Lebenswirren“ mit einer ebenfalls aus dem Textzusammenhang heraus völlig unmotivierten Passage, in welcher der namenlose Ich-Erzähler über seinen Freund Amadeus[56] berichtet: „Wir waren nur wie Ein Mensch mit seinem Doppelgänger“[57]. Auch Karl Gutzkow beschreibt in einem Brief an Ludwig Börne das Verhältnis Mundt-Kühne ähnlich: „*Mundt* u. ein gewisser *Kühne* scheinen wohl nur für

---

52 M. L., S. 13.

53 ebd. S. 83.

54 ebd. S. 227.

55 Walter Grupe: Mundts und Kühnes Verhältnis zu Hegel und seinen Gegnern. A. a. O. S. 24.

56 Amadeus/Gottlieb war Mundts zweiter Vorname.

57 Gustav Kühne: Eine Quarantäne im Irrenhause. Novelle aus den Papieren eines Mondsteiners. Leipzig, 1835. S. 123. Im Folgenden zitiert als: Q.

Einen zu gelten. [...] Mundt-Kühne oder Mündt-Kuhne oder Kühne-Mundt, kurz, das ist eine Art Chiron, Roß u. Mann zu gleicher Zeit."[58]

Walter Grupe schildert diesen versteckten literarischen Dialog folgendermaßen: „Was hat Kienast in den M.L. [= Moderne Lebenswirren] und Amadeus in der Quarantäne zu suchen, wenn doch kein Leser mit diesen zusammenhanglosen eingestreuten Herzensbeichten etwas anzufangen weiß. Es ist ganz so, als ob in den Werken dieser Interimszeit Kühne nur den einen Leser vor Augen hätte, Mundt, und Mundt nur den einen, Kühne."[59]

Mit der „Quarantäne" als einer direkten Antwort auf die „Lebenswirren" schwenkt Kühne auf die Linie Mundts ein, der nun begeistert vermerkt, in der Quarantäne habe „die junge Generation ihre philosophischen Memoiren geschrieben"[60]. Kühne selbst hatte die „Quarantäne" als ein „Buch blutiger Schmerzen"[61] bezeichnet und spielt damit auf dessen – ähnlich wie bei den „Lebenswirren" – hohen autobiographischen Gehalt an. Für Karl Gutzkow allerdings ist das Ganze einfach nur ein „wüstes Buch"[62].

Hatte Seeliger am Ende seiner „Zeitbestrebungen" verzweifelt ausgerufen: „O was ist denn wahr? Was ist Wahrheit der Zeit?"[63], so setzt sich nun Kühne im Vorwort seiner „Quarantäne" als Untersuchungsgegenstand zum Ziel: „Die Frage, was für uns Wahrheit sei, stellt sich in den hier gesammelten Blättern gewissermaßen auf den Kopf [...] sodaß es sich hier darum handelt, *was der Wahn der Zeit sei*"[64]. Aus dem politischen Werther Mundts wird der Insasse eines Hospitals, der überlegt: „Ich kann mir den jungen Werther vorstellen, wie er nicht mit einem Pistolenschuß endet, sondern im Irrenhause."[65]

Kühne, dessen Freund während der Entstehung der „Quarantäne" den Selbstmord seiner Freundin erleben musste, steht dem Suizidthema eher erbittert gegenüber, und es

---

58 zit. n. Grupe: A. a. O. S. 14.

59 Grupe: A. a. O. S. 23.

60 Theodor Mundt: Geschichte der Literatur der Gegenwart. Leipzig, 1853. S. 463.

61 zit. n. Heinrich Hubert Houben: Gustav Kühne. „Eine Quarantäne im Irrenhause". In: H.H.H.: Jungdeutscher Sturm und Drang. A. a. O. S. 641.

62 Karl Gutzkow: Werke. Auswahl in zwölf Teilen. Hrsg., mit Einleitungen und Anmerkungen versehen v. Reinhold Gensel. Berlin, Leipzig, Wien, Stuttgart, o. J. Bd. 9, S. 133.

63 M. L., S. 237.

64 Q., S. VI.

65 ebd. S. 71.

ist sicher vor allem an die Adresse Charlottes gerichtet, wenn er schreibt: „Der Selbstmörder ist kein Heiliger, kein Märtyrer der Wahrheit, aber er ist ein Märtyrer des Irrthums und der Lüge [...].“[66] Walter Grupe stellt in dieser Hinsicht eine entschiedene Solidarisierung Kühnes mit Mundt fest: „Es ist Mundts Schmerz, dem er [Kühne] in der Quarantäne beim Tode der schönen Polin Victorine Miaska Ausdruck verleiht.“[67]

Kühnes Protagonist, der von sich selbst aussagt, er sei „blos Mensch, Doctor der Philosophie, auch Magister der brotlosen Künste“[68], ist von seinem reaktionären Onkel wegen seiner unorthodoxen Lebensweise kurzerhand in eine Irrenanstalt eingeliefert worden. Ein leichtes Nervenfieber, heftige Gegenwehr bei der Entführung und ein Schlag auf den Kopf, der ihn vorübergehend die Besinnung verlieren lässt, vermitteln dem Chefarzt das eindeutige Bild einer Geisteskrankheit, und so wird das Sanatorium auf dem Mondstein für einen halben Monat zu seinem zwangsweisen Aufenthaltsort. Obwohl keineswegs überdurchschnittlich wahnsinnig, kann der Insasse dennoch insofern einen Nutzen aus den Tagen in der Anstalt ziehen, als er in dieser weltabgeschiedenen Isolation Gelegenheit findet, die philosophischen und literarischen Strömungen der Außenwelt vor seinem inneren Auge Revue passieren zu lassen und seine eigenen Gedanken und Gefühle zu ordnen. Sein Tagebuch während dieser Quarantäne ist zugleich Zeugnis eines Selbstfindungsprozesses in unüberschaubaren Verhältnissen, den Kühne im Vorwort folgendermaßen charakterisiert:

> „Im Conflicte mit dem Denken und Fühlen unserer Zeit, schlug sich der Selbstquäler eine empfindliche Wunde und verströmte viel von seinem besten Herzblut. Jetzt ist die Stelle, die er traf, verharscht, er selbst gerettet, nur die Narben trägt er noch auf der Brust.“[69]

Kühnes „Mondsteiner“ ist in seiner Vielseitigkeit ähnlich veranlagt wie Mundts Seeliger. In einem Traum wird ihm vom Onkel als sein Verbrechen vorgeworfen:

> „Macht der Einzelne [...] sein Inneres zum Reflex alles Dessen, was je die Menschheit gefühlt, gedacht, gelebt, gejubelt und geweint, wird sein Gemüth *en miniature* der Schauplatz der ganzen Weltgeschichte, so sind auch alle Gebrechen, alle Unthaten des Geschlechtes in ihm beisammen und sein Eigenthum. [...] Du bist so ein absoluter Mensch, der alle Gebiete des Wissens durchschwärmte, an Allem aber nur schwelgte, statt an einzelner Stelle selbst mühsam Schätze zu erwerben. Dafür nahmst Du auch den Fluch in Dich auf, alle Verbre-

---

66 ebd.

67 Grupe: A. a. O. S. 25.

68 Q., S. 5.

69 ebd. S. V.

chen der Weltgeschichte zu theilen. Alle Teufeleien des Gedankenlebens sind Dir zu eigen geworden."[70]

Es sind vor allem zwei Personen, beziehungsweise zwei Prinzipien, um die die Gedanken des Mondsteiners während dieser Zeit kreisen. Während die erste Hälfte seines Tagebuches ausgefüllt ist mit Reflexionen über Faust als dem Prototypen des Intellektuellen und Vernunftmenschen, beschäftigt sich der zweite Teil fast ausschließlich mit dem sinnlichen Prinzip, welches sich in der Figur des Don Juan verkörpert. Der Erzähler stellt fest:

> „Jeder hat alles in sich, seinen Gott, seinen Faust, seinen Don Juan, seinen Teufel. Jeder ist sich die Welt; sehe jeder zu, wie er mit seiner Weltgeschichte *en miniature* fertig werde und Tag und Nacht, Wahnsinn und Wahrheit in sich schlichte."[71]

So ist seine „Quarantäne im Irrenhause" vor allem ein ständiger Schlichtungsprozess zwischen diesen beiden Polen des Lebens, die beide (zumindest nach Aussage des Mondsteiners) konsequent durchlebt eine große Affinität zum Wahnsinn haben. „Warum hat man den Faust noch nicht so dargestellt, daß sein grübelnder Verstand sich bis zum Wahnsinn verzehrt?"[72], fragt der Tagebuchschreiber und entwirft in diesem Sinne einen neuen Schluss für eine Faust-Bearbeitung. In einer anderen Variante lässt er den alten Gelehrten so lange grübeln, bis er versteinert und zum „Anthropolithen" wird.

Später, in seiner Don-Juan-Phase, begegnet der Mondsteiner der Sängerin Elvira, die durch ihre Rolle im Mozartschen „Don Juan" wahnsinnig wurde und nun ebenfalls von ihm als Anthropolith bezeichnet wird. Wie auch schon beim Faust werden in ihm große Sympathien für die Person und Haltung Don Juans wach, doch wird von ihm, als man ihm einen Part in dieser Oper anbietet, jede einzelne Rolle als für ihn unpassend verworfen. Auch hier möchte der junge Philosoph nichts weniger als – alles: „Glaubt nur nicht, Meister, daß ich je die Absicht gehabt, eine Rolle im Don Juan zu spielen [...]; ich kann und will nichts vereinzeltes im Leben, ich will das Leben selbst, will die ganze Oper einstudiren und in mir tragen, nicht eine einzelne Partie."[73]

---

[70] ebd. S. 18f.

[71] ebd. S. 51.

[72] ebd. S. 40.

[73] ebd. S. 241f.

Es lässt sich nicht leugnen, dass der Patient, obwohl nicht direkt wahnsinnig, dennoch hochgradig überspannt wirkt. So ist die eigentlich für Verrückte bestimmte Therapie des behandelnden Arztes, der ihn vor allem „ruhigstellen" will, trotz allem nicht völlig fehl am Platze:

> „Wenn doch nur erst diese Heftigkeit Ihres Temperaments nachließe! [...] Sie regen sich unnötig auf [...]! Sammeln Sie sich geistig und körperlich, und Sie sind gesund und dürfen entlassen werden [...]. Nur Ruhe, mein Lieber, innere und äußere Ruhe, damit sich das nervöse Fieber nicht wieder einstellt."[74]

Und der Mondsteiner gehorcht. „Nur ruhig, stürmischer Mann!", ermahnt er sich selbst. „Was treibt dir das Blut nach dem Herzen und in die Stirn? Ruhig!"[75] Seine Strategie ist dabei eine doppelte. Zum einen bemüht er sich, dem Personal der Anstalt gegenüber möglichst „gelassen [zu] erscheinen"[76]. Er spricht „phlegmatisch"[77] und „mit möglichster Kälte"[78]; die „feste Gleichmäßigkeit"[79] seiner Stimme wird gelobt. Hinsichtlich seiner ersten Gespräche mit dem Arzt nach seiner Einlieferung in die Anstalt stellt er als Fehler fest: „Ich habe gegen den Doctor zu leidenschaftlich meine Mündigkeit vertheidigt [...]! Es war von je mein Fehler gewesen, zu leidenschaftlich heiß zu sein, sodaß ich Momente für absolute Kälte zum Gegensatz nöthig hatte."[80] Sein künftiges Verhalten soll daher von nun an unter dem Leitsatz stehen: „Fühle so glühend wie du willst, aber zeige dich stets so, als wärest du nur mäßig erwärmt!"[81] Und so gibt er sich fortan „[s]cheinbar gleichgültig, wie man es immer thun muß, will man nicht für verkehrt oder abnorm gelten"[82].

Zum anderen aber bemüht sich der Mondsteiner wirklich um seinen innern Zustand, sodass sich der Aufenthalt in der Irrenanstalt als für seine psychische Hygiene äußerst wohltuend erweist. So gelingt es ihm – im Gegensatz zu seinen Mit-Patienten Elvira[83], Philip[84] und Victorine[85], die allesamt in eine verzweifelt-apathische Gleichgül-

---

[74] ebd. S. 38.
[75] ebd. S. 57.
[76] ebd. S. 27.
[77] ebd. S. 173.
[78] ebd. S. 184.
[79] ebd. S. 173.
[80] ebd. S. 31.
[81] ebd.
[82] ebd. S. 170.
[83] Elvira wird zum Anthropolithen ohne jegliches Empfindungsvermögen.
[84] Philip versinkt in verzweifelte Gleichgültigkeit, als es ihm nicht gelingt, Elvira zu heilen.

tigkeit verfallen sind, zu einer gleichmütigen Gelassenheit zu finden, die es ihm ermöglicht, seine Zeit und ihre Extreme ruhig zu betrachten und anzuerkennen, ohne von ihnen auseinandergerissen zu werden. Das Fazit aus seinen Tagen auf dem Mondstein lautet also:

> „Ich mag nicht die Summe ziehen von meinen innern Erlebnissen, auch die Differenz nicht machen, die sich erzeugt hat. Selbst die Wunden, die offen geblieben sind, will ich nicht verdecken; selbst wenn ich Balsam und Pflaster wüßte, ich möchte sie nicht heilen. Warum soll ich die Dissonanzen für mich lösen, da sie in unseren Zeitläufen harmonielos durcheinander tönen? Ich will mich nicht täuschen und einen Frieden, den ich nicht erlebte, mir nicht mit künstlichen Tractaten zusammenstellen. Es gibt provisorische Zustände in der Literatur wie in den politischen Constellationen der Welt; ebenso gibt es provisorische Menschen. Sie sind das Produkt einer Krisis.“[86]

Sein Tagebuch schließt daher versöhnlich: „Ich selbst glaube dem Leben, seinen Freuden und Schmerzen anzugehören. Ich ziehe weiter durch die Welt.“[87]

3. Gutzkow, 1834

Der Theologe von Amsterdam

> Um ein tadelloses Mitglied
> einer Schafherde sein zu können,
> muß man vor allem ein Schaf sein.
>
> (Albert Einstein)

„Herzblut müssen Sie zeigen! sich die Brust aufreißen“[88], kritisierte Gustav Schlesier den jüngsten Jungdeutschen, als Karl Gutzkow im Jahr 1833 seinen Roman „Maha Guru“ veröffentlichte, und forderte, der Autor solle lieber aus dem eigenen Erleben schreiben. Und Gutzkow nahm sich diese Kritik aus den eigenen Reihen augenscheinlich sehr zu Herzen. In seiner 1834 erschienenen Novelle „Der Sadduzäer von Amsterdam“ bringt der ehemals hundertprozentig überzeugte Theologiestudent (mit der ehrlichen Absicht, Pfarrer zu werden) vom eingeforderten Lebenssaft reichliche

---

[85] Victorine hat in Polen ihren Vater, ihre Brüder und ihren Verlobten sterben sehen. Damit gibt es keinen Schmerz, der sie noch treffen könnte.

[86] Q., S. 317f.

[87] ebd. S. 334.

[88] zit. n.: Eitel Wolf Dobert: Karl Gutzkow und seine Zeit. Bern, München, 1968. S. 63.

Mengen zu Papier. Eitel Wolf Dobert identifiziert den „Wahrheitssucher" Uriel mit Gutzkow und Uriels Geliebte Judith mit Gutzkows damaliger Verlobten Rosalie Scheidemantel:

> „Wie Uriel war Gutzkow in jenen Jahren mehr als einmal bereit, um dieses Mädchens willen, das von Haus aus streng protestantisch erzogen worden war, zum konventionellen Glauben zurückzukehren. Aber auch Gutzkows Liebe zu Rosalie konnte die Stimme des Gewissens, Verrat an der eigenen Überzeugung zu begehen, nicht zum Schweigen bringen. Sie zu seinen eigenen liberalen Grundsätzen zu bekehren scheiterte, wie bei Judith, an der Macht von Tradition und Erziehung und an der Unzulänglichkeit des weiblichen Gemüts [...]."[89]

Das schmale Prosastück, das später zur Vorlage von Gutzkows eindrucksvollstem Drama „Uriel Acosta" (1847) wurde, spielt im Amsterdam des 17. Jahrhunderts und basiert auf der Lebensgeschichte des Gabriel/Uriel da Costa (~1591-1640), der, durch Konversion seines Vaters im Christentum aufgewachsen und später zum jüdischen Glauben zurückgekehrt, wegen seiner Religionskritik dem Bannfluch anheimfiel und schließlich durch Selbstmord endete. Gutzkow schildert im „Sadduzäer", wie der exkommunizierte Acosta um seiner Geliebten Judith willen zweimal „zu Kreuze" kriecht, dabei aber mit verzweifelter Anstrengung versucht, seine Ehre zu wahren, und schließlich, als sowohl Judith als auch die Ehre verloren ist, zugrunde geht.

Eingangs lässt er den wegen seiner kritischen Haltung vom Bannfluch bedrohten Acosta im Hause der Geliebten eine Rückschau über seine bisherige theologische Karriere halten. Er gibt an, der Grund für die Re-Konversion zum Glauben seiner Väter habe außer in seiner Herkunft vor allem im „Gewirr von Satzungen, Parteigezänk, von weltlichen und geistlichen Pomp, von kecker Anmaßung, die richtige Meinung zu haben, und von Verfolgung"[90] im christlichen Glauben gelegen. Voller Ideale und Hoffnungen zum Juden geworden, sollte er aber bald zu seiner Ernüchterung erfahren, dass die jüdische Religion im Prinzip ähnlich organisiert war wie die christliche, sodass er sich schließlich fragen musste: „Hatte ich mich nicht von einem Symbol an das andere verkauft, von einer Zeremonie an die andere, von einem Zwange an den anderen?"[91] Acosta ist vor allem darum verzweifelt, weil „er keinen neuen, dritten,

---

89 Eitel Wolf Dobert: Karl Gutzkow und seine Zeit. A. a. O. S. 66.

90 Karl Gutzkow: Der Sadduzäer von Amsterdam. In: K.G.: Werke. Auswahl in zwölf Teilen. Hrsg., mit Einleitungen und Anmerkungen versehen von Reinhold Gensel. Berlin, Leipzig, Wien, Stuttgart, o. J. 4. Teil. S. 28.

91 ebd.

unabhängigen Zustand wußte, worin er leben konnte"[92]. Seine einzige Überlebenschance nach dem Durchleben und Verlieren zweier religiöser Überzeugungen und seinem kurzfristigen „Haß gegen das Göttliche"[93] sieht er in der Autosuggestion einer Egal-Haltung in Bekenntnisfragen ähnlich dem Salzschreiber Mundts: „ich ergab mich zuletzt einer dumpfen Gleichgültigkeit, von der ich glaubte, daß sie gegen alles schützen könnte."[94]

Tatsächlich erweist sich die selbsterzeugte Gleichgültigkeit als ein äußerst wirksamer Schutzmechanismus nicht nur gegen die religiöse Sinnkrise Acostas. Auch als er, um Judith die Strapazen der Verbannung nicht zumuten zu müssen, seinen ersten Widerruf unterzeichnet, hilft ihm diese Haltung, das zu bewahren, was den jüdischen Pfeffersäcken zu Amsterdam wenig, dem heißblütigen Portugiesen Uriel jedoch alles bedeutet: „Die Ehre."[95]

So kann Uriel leichthin und fast nebenbei die Unterschrift unter das fatale Papier leisten, ohne dabei auch nur das Geringste von seiner Ehre und Selbstachtung preisgeben zu müssen. Nur schnell solle es gehen, er habe es eilig. Das Tribunal gerät zur Farce, und die Rabbiner, die sich die Rückkehr des verlorenen Sohnes ganz anders vorgestellt hatten, haben sehr viel von ihrer Würde eingebüßt und können nur noch drohen, „die Verhandlung abzubrechen, wenn der Geächtete mit so gleichgültigem und unreumütigem Eifer in dieser Angelegenheit verführe."[96] Acosta hat der Form genüge getan und muss daher in die Glaubens- und Lebensgemeinschaft wieder aufgenommen werden.

Zu seinem Verhängnis hält es den Theologen und Wahrheitssucher nicht lange in dem so gewonnenen Biedermeier-Idyll an der Seite Judiths, und er lässt sich erneut auf seine „religiösen Händel"[97] ein. Seine kritischen Schriften erregen ein zweites Mal das Missfallen der geistlichen Obrigkeit, und als sich Acosta obendrein zu der

---

[92] ebd. S. 43.
[93] ebd. S. 28.
[94] ebd. S. 29.
[95] ebd. S. 42.
[96] ebd. S. 44.
[97] ebd. S. 25.

Aussage versteigt, er sei „heute weder Christ noch Jude“[98], ist der zweite Fluch nicht mehr abzuwenden. Die Rabbiner sprechen „einen neuen viel stärkeren Bann“[99] aus.

Wieder ist Judith das schwächste Glied in der Kette. Uriel wird von seinem Vetter Ben Jochai, wie schon beim erstenmal, nun auch zum zweiten Widerruf veranlasst, um die bevorstehende Hochzeit mit ihr nicht aufs Spiel zu setzen. Acosta versinkt in dumpfes Brüten. „Es schien ihm, als müßte er Abschied nehmen von allem und die Geister der Weisen, mit denen er zu verkehren pflegte, versöhnen, da es nur noch an einem Haare hing, daß er sie alle verriet. Jochai zerschnitt dieses Haar [...].“[100] In einer solchen Verfassung wird es leicht, den „Willenlosen“[101] ins Haus des Hohepriesters zu führen.

Offenbar hat die Priesterschaft aus der ersten Widerrufsveranstaltung gelernt. Acosta wird zunächst eine halbe Ewigkeit lang gefangengehalten und überhaupt nicht weiter beachtet. „Wenn man dies Mittel gewählt hatte, um seinen stolzen Sinn gänzlich zu vernichten, so hatt[e] man sich nicht vergriffen.“[102] Erst nach dieser psychischen Folter wird dem Delinquenten die eigentliche „entsetzliche Demütigung“[103] zuteil. Acosta muss im Tempel vor der versammelten Schar der Gläubigen sein Sündenregister verlesen, wird anschließend öffentlich ausgepeitscht und auf die Türschwelle gelegt, damit die Gemeinde beim Hinausgehen auf ihn treten kann.

Während der Prozedur erwacht Uriel, der „alles mit sich geschehen“[104] lassen hatte, aus seiner Apathie und spürt seine „Erniedrigung“[105]: „Er fühlte schmerzlich, was an ihm alles beleidigt wurde, die Wissenschaft, die Vernunft, Sokrates, Christus.“[106] In diesem Augenblick zerbricht Acostas Schutzschild aus Gleichgültigkeit, der sich nach seinem anfangs fast rational geplanten Aufbau nach und nach verselbstständigt hatte und zum stumpfen Dahindämmern geworden war: „ein gegeißelter Stolz stirbt“[107], und mit ihm ist auch Acostas Verstand vernichtet. Uriel stürzt wahnsinnig davon, er-

98 ebd. S. 48.
99 ebd. S. 55.
100 ebd. S. 56.
101 ebd.
102 ebd. S. 58.
103 ebd. S. 57.
104 ebd. S. 58.
105 ebd. S. 61.
106 ebd.
107 ebd. S. 62.

fährt in diesem Zustand von Judiths Hochzeit mit dem Verräter Jochai und erschießt in seiner Raserei erst Judith und anschließend sich selbst.

Wie auch bei Seeliger und dem namenlosen Mondsteiner ist die Gleichgültigkeit des Sadduzäers einem unbefriedigenden dialektischen Prozess entsprungen. Während sie aber bei den Berliner Jungdeutschen den Endpunkt einer Entwicklung des Helden darstellt, ist sie bei Gutzkow lediglich eine zeitweise Ruhemarke in der Biographie Acostas. Ähnlich wie bei Kühne tritt sie auf als Widerpart des Wahnsinns, doch im Gegensatz zum Mondsteiner, dessen Weg in die Freiheit führt, endet Gutzkows Sadduzäer mit dem Tode.

Bezeichnenderweise verschwindet das Motiv der Gleichgültigkeit beim späteren Drama „Uriel Acosta" völlig. Das Thema war zentral für die jungdeutsche Zeit, jedoch nicht mehr für die Tragödie von 1846.

4. Büchner, 1835

Der Dichter im Gebirge

Wer über gewisse Dinge
den Verstand nicht verlieret,
der hat keinen zu verlieren.

(Gotthold Ephraim Lessing)

„Ich habe mich jetzt ganz auf das Studium der Naturwissenschaften und der Philosophie gelegt und werde in kurzem nach Zürich gehen, um in meiner Eigenschaft als überflüssiges Mitglied der Gesellschaft meinen Mitmenschen Vorlesungen über etwas höchst Überflüssiges, nämlich über die philosophischen Systeme der Deutschen seit Cartesius und Spinoza, zu halten"[108], schreibt der exilierte Revolutionär und Dichter Georg Büchner ein halbes Jahr vor seinem Tod an den Bruder Wilhelm. Im März 1835 hatte er einen „subtilen Selbstmord durch Arbeit"[109] noch abgelehnt, doch schon im Monat darauf findet sich das Werthersche „froh, daß ich weg bin"[110] in einem

[108] Georg Büchner: Werke und Briefe. Hrsg. v. Fritz Bergemann. Frankfurt a. M., 1982. Bd. 2, S. 417.

[109] ebd. S. 391.

[110] ebd. S. 393.

Brief an die Familie. Nun, Ende November in Zürich, heißt es: „Ich sitze am Tage mit dem Skalpell und die Nacht mit den Büchern.“[111]

Das kurze Leben des jugendlichen Genies, das von seinen Biographen gern mit dem Flug eines Meteors verglichen wird, stand offenbar unter keinem günstigen Stern. Seine aufrührerische Flugschrift, der „Hessische Landbote“, wurde statt von seinen eigentlichen Adressaten lediglich von Polizeibeamten und Angehörigen der Justiz gelesen, und ihre einzige Wirkung bestand darin, dass ein Steckbrief des Verfassers erschien. Sein erstes Drama, „Dantons Tod“, war ein Flop und konnte nur einige Jungdeutsche[112] begeistern. Die Zeitschrift, für die die Novelle „Lenz“ bestimmt war, Gutzkows und Wienbargs „Deutsche Revue“, wurde bereits vor ihrer ersten Ausgabe verboten; so blieb der „Lenz“ Fragment. „Leonce und Lena“ sollten einen Wettbewerb gewinnen, wurden aber von der Jury nicht einmal gelesen, da sie erst nach dem Einsendeschluss bei der Redaktion eingingen. Vom ursprünglich vollständigen „Woyzeck“ blieben nur ein paar Szenen, und vom „Pietro Aretino“ heißt es, Büchners Verlobte habe ihn zusammen mit mehreren Briefen verbrannt. Nach seiner Promotion als Kapazität auf dem Gebiet der Anatomie und Philosophie anerkannt, stirbt er an Typhus; er war 23 Jahre alt. Ein Komet ist verglüht.

Die „Lenz“-Novelle ist nach „Dantons Tod“ die zweite Dichtung, die dieser auf zwei Jahre zusammengedrängten Produktionsphase entstammt. Der Bruder Ludwig Büchner sagt aus, „es handle sich überhaupt halb und halb um ein Selbstporträt des Dichters“[113], und auch der „Entdecker“ Gutzkow spricht von der Schilderung eines „ihm verwandten Gemüts“[114], als er das Fragment 1839 postum herausgibt.

---

111 ebd. S. 420.

112 Gutzkow lobt vor allem die „Fülle von Leben“ sowie „Witz, Geist und Eleganz des Dramas“. Laube preist besonders das „scharf umrissene Scenenbild“. Mundt meint „Dantons Tod zeuge von einem bedeutenden dramatischen Talent“, im Drama fänden sich „Ideenfülle, historischer Witz und Humor“ gepaart mit einer „lebensvollen dramatischen Charakterzeichnung, die zugleich auf einer tiefen Kenntnis der französischen Revolutionszustände beruht“. Und auch Ludolf Wienbarg – so Gutzkow in einem Brief an Büchner – habe das Werk „mit Vergnügen gelesen“. (vgl. Dietmar Goltschnigg: Rezeptions und Wirkungsgeschichte Georg Büchners. Kronberg/Ts., 1975 / Dietmar Goltschnigg (Hrsg.): Materialien zur Rezeptions- und Wirkungsgeschichte Georg Büchners. Kronberg/Ts., 1974.)

113 zit. n.: Karl Vietor: „Lenz“, Erzählung von Georg Büchner. In: Wolfgang Martens (Hrsg.): Georg Büchner. Darmstadt, 1965. S. 193.

114 Vietor.: A. a. O. S. 192.

Mit dem Schicksal des Dichters Lenz, des – laut Gutzkow – „gestrandeten Poeten“[115], gibt Büchner in Bezug auf religiöse Fragen fast ein „polizeigerechtes Gegenstück“[116] zu Gutzkows „Wally“, während er hinsichtlich der Gleichgültigkeitsthematik noch einen Schritt über die in den vorhergehenden Kapiteln beschriebenen Werke des Trios Mundt-Kühne-Gutzkow hinausgeht. Büchners Lenz scheint eine Fortführung des Gutzkowschen Sadduzäers zu sein, dessen ursprünglich bewusst erzeugte Gleichgültigkeit sich nach und nach verselbständigt hatte. Lenz ist in ein Stadium eingetreten, in dem er seine inneren Zustände nicht mehr rational unter Kontrolle halten kann. Was bei Acosta Ergebnis eines Denkprozesses wurde, ist bei diesem Dichter Lenz inzwischen dermaßen verinnerlicht, dass es eine Gefahr für seinen Verstand darstellt.

Es sind vor allem zwei Seelenzustände, die in dem ausgebrannten Dichter miteinander im Streit liegen: Auf der einen Seite handelt es sich um einen Emotionsansturm, einen „Drang“, der ihm in der Brust reißt, eine „unnennbare Angst“[117], um Panikgefühle, „als jage der Wahnsinn auf Rossen hinter ihm“[118]. Der Gegenspieler dieser Zustände ist ein Gefühl der „Kälte“ und „Ruhe“, das seinen Schmerz betäubt, die Angst beseitigt und den Kranken auf den ersten Blick wohltuend umfängt und ruhigstellt. Auf den zweiten Blick aber entpuppt sich gerade dieser Schutzmechanismus der Empfindungslosigkeit als wesentlich gefährlicher für den Patienten als seine Anfälle. Lenz wird durch ihn isoliert von Menschheit und Natur und gerade dadurch immer tiefer in den Wahnsinn hinein getrieben. Schon das erste Auftreten des ehemaligen Poeten ist sehr bezeichnend für diese Situation:

> „Es war naßkalt; das Wasser rieselte die Felsen hinunter und sprang über den Weg. Die Äste der Tannen hingen schwer herab in die feuchte Luft. Am Himmel zogen graue Wolken, aber alles so dicht – und dann dampfte der Nebel herauf und strich schwer und feucht durch das Gesträuch, so träg, so plump.
> Er ging gleichgültig weiter, es lag ihm nichts am Weg, bald auf-, bald abwärts.“[119]

[115] Gutzkow an Büchner, 12. Mai 1835. in: Büchner: Werke und Briefe. A. a. O. S. 521.

[116] Sengle, Friedrich: Georg Büchner (1813-1837). In: F. S.: Biedermeierzeit. Deutsche Literatur im Spannungsfeld zwischen Restauration und Revolution 1815-1848. Bd. 3: Die Dichter. Stuttgart, 1980. Zit. n. Gerhard Schaub (Hrsg.): Erläuterungen und Dokumente: Georg Büchner: Lenz. Stuttgart, 1987. S. 77.

[117] Büchner: Lenz. In: G.B.: Werke und Briefe. A. a. O. S. 88.

[118] ebd. S. 87.

[119] ebd. S. 85.

Selbst für einen Normalsterblichen wäre dieser Zustand der Abgestumpftheit nicht gerade angenehm. Für einen Dichter wie Lenz bedeutet sie aber – neben dem Verlust zwischenmenschlicher Beziehungen – obendrein auch noch die Unfähigkeit, dichterisch Werke zu schaffen. Lenz ist auf der Suchen nach Ruhe, „das bißchen Ruhe war ihm kostbar"[120]. Mehrfach fordert er: „Laßt mich in Ruhe!"[121] Er wolle „ja nichts als Ruhe, Ruhe, nur ein wenig Ruhe, um schlafen zu können."[122] Doch ist die Ruhe, die über ihn Gewalt zu bekommen sucht, eine Friedhofsruhe, die ihn „kalt und gleichgültig"[123] macht. Immer wieder versucht Lenz vergeblich gegenzusteuern. Er geht gegen sein innerliches Erstorbensein an, indem er sich an ehemalige Gefühlszustände zurückzuerinnern sucht:

> „Je leerer, je sterbender er sich innerlich fühlte, desto mehr drängte es ihn, eine Glut in sich zu wecken; es kamen ihm Erinnerungen an die Zeiten, wo alles in ihm sich drängte, wo er unter all seinen Empfindungen keuchte. Und jetzt so tot. Er verzweifelte an sich selbst; dann warf er sich nieder, er rang die Hände, er rührte alles in sich auf – aber tot! tot!"[124]

Obwohl zu einem Teil bewusst geführt, läuft der Kampf gegen seine Kälte und Gefühllosigkeit vor allem unbewusst ab; nur „ein dunkler Instinkt trieb ihn, sich zu retten"[125]. So führt die Rettungsaktion letzten Endes nicht zu einer Heilung, sondern zu einer Art von Persönlichkeitsspaltung: „Eigentlich nicht er selbst tat es, sondern ein mächtiger Erhaltungstrieb: es war, als sei er doppelt, und der eine Teil suche den andern zu retten"[126]. Das Ergebnis ist eine typisch jungdeutsche „Zerrissenheit": „die Welt [...] hatte einen ungeheuren Riß"[127].

Um sich aus seinem Zustand der Empfindungslosigkeit zu befreien, schreckt Lenz auch vor Verletzungen des eigenen Körpers nicht zurück. Physischer Schmerz soll ihm das Bewusstsein und Empfindungsvermögen wiedergeben, er „stieß an Steine, er riß sich mit Nägeln"[128] und bittet Gott:

---

120 ebd. S. 94.
121 ebd. S. 97.
122 ebd. S. 109.
123 ebd. S. 100.
124 ebd. S. 101f.
125 ebd. S. 88.
126 ebd. S. 108f.
127 ebd. S. 107.
128 ebd. S. 88.

„Laß in mir die heilgen Schmerzen,
Tiefe Bronnen ganz aufbrechen,
Leiden sei all mein Gewinnst,
Leiden sei mein Gottesdienst."[129]

Doch auch diese drastische Heilmethode hat keinen dauerhaften Erfolg, und selbst Suizidversuche fruchten wenig:

> „Die halben Versuche zum Entleiben, die er fortwährend machte, waren nicht ganz ernst. Es war weniger der Wunsch des Todes [...], es war mehr in Augenblicken der fürchterlichsten Angst oder der dumpfen, ans Nichts grenzenden Ruhe ein Versuch, sich zu sich selbst zu bringen durch physischen Schmerz."[130]

Lenz hat keinen Erfolg. Er endet hohl, kalt, leer, innerlich tot. Seinen Abtransport aus dem Hause Oberlins lässt er willenlos über sich ergehen und empfindet nichts dabei.

> „Er saß mit kalter Resignation im Wagen, wie sie in das Tal hervor nach Westen fuhren. Es war ihm einerlei, wohin man ihn führte. Mehrmals, wo der Wagen bei dem schlechten Wege in Gefahr geriet, blieb er ganz ruhig sitzen; er war vollkommen gleichgültig."[131]

Was in Mundts „Lebenswirren" begonnen hatte, endet hier: die Karriere eines Dichters. Zu überlegen, wie Büchner sich den Schluss der Novelle vorgestellt hatte, ist müßig. Doch weiß die Biographie des wirklichen J.M.R. Lenz nichts von einer Heilung zu berichten. Es erscheint daher stimmig, zu enden:

> „Er tat alles, wie es die andern taten; es war aber eine entsetzliche Leere in ihm, er fühlte keine Angst mehr, kein Verlangen, sein Dasein war ihm eine notwendige Last. So lebte er hin ..."[132]

---

[129] ebd. S. 92.
[130] ebd. S. 110.
[131] ebd. S. 111.
[132] ebd.

III. Eine Krankengeschichte

1. Stieglitz, 1834

Der Wüstenkrieger im Bibliotheksstaub

Aschehaufen haben es gern, wenn man sie
für erloschene Vulkane hält.

(Wieslaw Brudzinski)

In den Jahren 1831 bis 1833 waren die „Bilder des Orients“ erschienen, vier Gedichtbände eines mäßig begabten Poeten, der von sich selbst aussagte:

> „Als höchstes Ziel und Ideal meines Lebens galt mir überall das Maaßlose eines unbegrenzten Strebens. An die Gluth, ganz ohne weiteren Inhalt und auf die Gefahr hin, ja mit dem Gelüste, daß sie ihren Gegenstand verzehre, hatte ich besonders gern meine Huldigungen verschwendet und sie vergöttert als das Element der Elemente, welchem allein Heil und Segen entsprießen könne.“[133]

Tatsächlich lautet in den farbenprächtigen Räuberpistolen des Heinrich Stieglitz jedes zweite Wort „Gluth“, „glühen“ oder „glühend“, Synonyme sind selten, allenfalls finden sich Komposita. Als Beispiel dafür mag das Gedicht „Fitnes Klage“ aus dem Zyklus „Die Söhne der Wüste“ dienen:

„Und weckt nicht meines Herzens Sehnen,
Und wärmt nicht meiner Liebe Gluth,
Ruft meine Klage nicht, mein Stöhnen
Ins Leben dein erstarrtes Blut?

Ich presse dich mit starken Armen
An meine schmerzdurchglühte Brust;
An meinem Hauch sollst du erwarmen,
Erglühn zu neuer Lebenslust.

Und fest hält Fitne dich umschlungen,
Bis wieder sie dein Arm umschlingt,
Bis, von der Liebe Gluth durchdrungen,
Sie glühend Kuß auf Kuß durchdringt.

---

133 Heinrich Stieglitz: Selbstbiographie. Vollendet u. hrsg. v. Louis Curtze. Gotha, 1865. S. 55f.

O du, mein Herzblut, du, mein Leben,
Du süßer trautester Gemahl,
Fühlst du nicht Fitnes Brust erbeben?-
Weh mir, wer endet meine Qual?"[134]

Eine Reise auf der Ostsee und ein Ölgemälde hatten – wie sich der Dichter im Vorwort zum ersten Band erinnert – in Stieglitz eine unendliche Sehnsucht nach Sonnenglut und Orient wachgerufen und zu einer intensiven Beschäftigung mit diesem Thema geführt: „Dieß Bedürfnis führte mich zum Studium der türkischen Geschichte und des Koran. Mehr und mehr wurden nun die früheren Träume Wahrheit, Ahnung, Wirklichkeit."[135]

So entstehen nach und nach vier Gedichtbände über Gegenden, die der Dichter nie gesehen hat, besingend die Taten von stolzen Wüstenkriegern, in deren Adern das Blut glüht, und die glühenden Verse orientalischer Dichtergrößen preisend. Als seine Absicht beim Verfassen dieser Lieder gibt Stieglitz an: „ich wollte auch das innere Leben der Bekenner des Islam, ihren Glauben, ihre Gluth, ihre in der Idee des Fatalismus wurzelnde Gesinnung, diesen in seiner Stärke unwiderstehlichen Fanatismus darstellen."[136] Die enge Zusammenstellung der Wörter „Fatalismus" und „Fanatismus", ja sogar ihre kausale Verknüpfung, wirkt zunächst etwas befremdend. Tatsächlich ist in den „Bildern des Orients" von Fatalismus so gut wie nie die Rede. Doch bieten der Ausklang des letzten Bandes und Heinrichs Leben nach dem Abschluss dieser Arbeit wohl einen Beleg für die enge Zusammengehörigkeit beider Begriffe.

Besonders ergiebig für den Werdegang des Heinrich Stieglitz in dieser Hinsicht erscheint eine Gegenüberstellung des ersten mit dem letzten der Gedichtbände. Der erste spielt in Arabien und enthält zwei Gedichtzyklen, den schon erwähnten „Die Söhne der Wüste" und – inhaltlich lose mit diesem verbunden – den Zyklus „Melek und Maisuna", beides vor allem „Kampfgesänge" und zugleich das Konzept einer Ehe: Der stolze, edle, glühende Wüstensohn Turan rettet Jussuf das Leben. Beide schließen Blutsbrüderschaft und überfallen zusammen eine Karawane feindlicher Beduinen. Dabei wird die schöne Fitne erobert, sie und Turan erglühen in Liebe und vermählen sich. Die überfallenen Angehörigen Fitnes töten den edlen Turan durch List

134 ders.: Bilder des Orients. Bd. I. Leipzig, 1831. S. 26f.

135 ebd. S. XI.

136 ebd. S. XIf.

und Heimtücke, woraufhin ihn Jussuf erbarmungslos rächt und alle Feinde niedermetzelt.

Jahre später begegnet der von Mut und Abenteuerlust glühende Melek einem fahrenden Sänger. Dieser erzählt die Geschichte jener drei und „spricht von Turans und Jussufs Muth / Und Fitne's Todestreue."[137] Von dem Lied begeistert, schließt sich Melek einem räuberischen und heldenhaften Beduinenstamm an und überfällt mit seinen neuen Spießgesellen eine weitere Karawane, wobei er die schöne Maisuna erobert. Es ist Liebe auf den ersten Blick, doch Meleks pädagogisch ambitionierter Scheik Mondher verlangt: „Die freie That nur ehrt den Sohn der Lieder; / So kehre du auch sieggekrönt zurück!"[138] Und so lässt Melek seine Maisuna, die sich glühend nach ihm verzehrt, im Lager der Beduinen zurück und kehrt erst nach dem Bestehen zahlreicher Abenteuer als gefeierter Held und Sänger zu ihr heim, um sie in seiner Arme zu schließen[139]. Vor allem an der Gestaltung dieser Maisuna soll – nach Auskunft Theodor Mundts – Heinrich Stieglitz' Gattin Charlotte tatkräftig mitgewirkt haben.[140]

Der letzte Band der „Bilder des Orients" dagegen spielt in China, wo ein junger reisender Poet nach zahlreichen Besichtigungen schließlich in ein Theater gerät, in dem gerade das Stück „Der große Bücherbrand des Schihoangti" aufgeführt wird, eine dramatische Darstellung der Ereignisse des Jahres 213 v. Chr., als Kaiser Qin Shi Huang Di alle konfuzianischen Schriften verbrennen ließ. In diesem Drama erfüllt sich Stieglitz den großen Wunschtraum eines Poeten, der gerne als „Originalgenie" gelten will, aber durch die bereits vorhandenen Meisterwerke großer Vorgänger zum Epigonentum verdammt ist: Auf einem riesigen Scheiterhaufen wird die gesamte althergebrachte Literatur des Landes verbrannt. Der Dichter Yalo hatte im Stück einen „Protestsong" verfasst und sich gewünscht:

„Fänd' ein gescheiter Bücherbrand
Doch Eingang in des Kaisers Land
Und holt' herunter von den Wänden
Den Quark von ungewaschnen Händen!

---

137 ebd. S. 54.

138 ebd. S. 65.

139 Vor der Hochzeit hielt Heinrich seine Braut planmäßig von sich getrennt. Beide verkehrten fast nur durch glühende Briefe miteinander.

140 Theodor Mundt: Charlotte Stieglitz, ein Denkmal. Berlin, 1835. S. 42. Im Folgenden zitiert als: C. S.

Verspeist' er nun mit Haut und Haar
So manchen feisten Commentar,
Womit sich die Gelehrten plagen,
Dann würd' es neu dem Geiste tagen.

Wie manchem Baccalaureus
Wär' das ein seliger Genuß!
Er hätte ja beim Promoviren
Fortan viel wen'ger zu citiren."[141]

Es war vermutlich nicht diese Partie der „Bilder des Orients", an der Heinrich Heine „sich ganz besonders erfreute"[142]. Yalo wird wegen dieses Liedes von der erbosten pharisäerhaft-buchstabengläubigen Gelehrtenschar gefänglich eingezogen und soll sich vor dem Kaiser verantworten. Doch überraschenderweise findet Schihoangti Gefallen an Yalos Idee und ordnet an, alle alten Bücher zu verbrennen. Wegen seiner „Verdienste" um das Land darf sich Yalo eine Gnade vom Kaiser ausbitten und äußert den Herzenswunsch des Dichters Heinrich Stieglitz, den Wunsch nach einer Sinecure:

„Vergönnt in ungeteilter Muße mir
von Amtsdienst frei mich in dem Einen zu ergehn,
wozu mich drängt des Geistes Mahnen!"[143]

Die Moral aber aus dieser Geschichte? Ein Schüler, der über das Stück eine Kritik zu schreiben gedenkt, erklärt nach dem Fall des Vorhangs als seine Absicht:

„Am überzeugendsten denk' ich zu deduciren,
Wie sich trotz all dem üppgen Perorieren
Kein Resultat ergiebt; denn *wir, wir bleiben was wir waren,*
Und sind noch heut wie vor viel tausend Jahren."[144]

Mit diesem trostlosen Schlusssatz wird auch ein Schlussstrich unter die poetische „Gluth" des Dichters Heinrich Stieglitz gezogen. Offenbar war er ausgebrannt. Sein vollständiges Eingespanntsein als Hilfslehrer am Joachimsthaler Gymnasium, der ehemaligen Schule Mundts und Kühnes, und als Hilfsbibliothekar der königlichen Bibliothek taten ein übriges, und so wurde der glühende Wüstenkrieger, der sich in

---

141 Heinrich Stieglitz: Bilder des Orients. Bd. IV. Leipzig, 1833. S. 171f.

142 ders.: Selbstbiographie. A. a. O. S. 96.

143 ders.: Bilder des Orients. Bd. IV. A. a. O. S. 310.

Briefen von seiner Frau mit „Du mein starker Held“[145] anreden ließ, aus dem „schwarzen wilden Dolchschwinger funkelnden Auges“[146] ein Aktenträger und Bücherwurm.

Eine „Gemüthskrankheit“, die sich schon früher von Zeit zu Zeit an ihm bemerkbar gemacht hatte, ließ sich nun nicht mehr zurückdrängen. So kam es, dass der einstmals glühende Poet im Jahre 1834 apathisch und schreibgehemmt vor sich hindämmerte, anstatt der Welt unsterbliche Werke voller Leidenschaft darzubringen. Auch seine Freistellung von der Arbeit oder eine ausgedehnte Bäderreise fruchteten nichts mehr, das alte Feuer konnte nicht wieder angefacht werden. So lebte er hin.

2. Charlotte, 1834

Die Selbstmörderin als Muse

Die meisten Denkmäler sind hohl.

(Stanislaw Jerzy Lec)

Im Geburtsjahr der Charlotte Stieglitz hatte sich die Dichterin Karoline von Günderrode erstochen. Hundert Jahre nach ihrem Tod öffnete René Crevel den Gashahn, nachdem er zuvor in „Detours“ geschrieben hatte: „Kamillentee auf den Gasherd. Die Fenster fest zu. Ich mache den Hahn auf. Ich vergesse, ein Streichholz dranzuhalten. Ehre gerettet, und noch Zeit, sein Confiteor zu beten ...“[147] Die Tradition der literarischen Suizide ist lang und reich an Selbstinszenierungen; seit Goethe den Selbstmord durch seinen berüchtigten Leitfaden moralisch aufgewerthert hatte, war er nicht einmal mehr besonders ehrenrührig.

Als Charlotte sich am Abend des 29. November des Jahres 1834 den Todesstoß versetzte, hatte auch sie sehr klare Vorstellungen davon, wie man sie finden sollte: frisch gebadet, reines weißes Nachtkleid und ebensolche Haube; den Dolch, den sie ihrem Mann auf der Hochzeitsreise geschenkt hatte, nach dem Stich sofort wieder aus dem Herzen herausgezogen und neben sich gelegt, das weiße Deckbett bis zum Halse, damit man das Blut nicht sah; und auf dem Tisch anstatt der „Emilia Galotti“ das

---

[144] ebd. S. 322.

[145] Heinrich Stieglitz: Selbstbiographie. A. a. O. S. 89.

[146] C. S., S. 37.

„Buch Rahel“, das in diesem Jahr erschienen war, ein „Buch des Andenkens“ für die bemerkenswerte Frau Varnhagens von Ense. Das Ende der Charlotte Stieglitz mutet an wie eine jungdeutsche Novelle, und es ist nicht aus der Luft gegriffen, wenn Wolfgang Promies sie als „Autorin ihrer selbst“ und ihren Tod als „Kunstwerk“[148] bezeichnet.

Die Ursachen ihrer Tat bis ins letzte ergründen zu wollen, wäre Anmaßung. Die Kombination von Liebe, Religion und Poesie hatte zwar schon die Günderrode getötet, und Grabbe, (der durch „Selbsttrunk“ im Jahre 1836 starb) hatte bissig vermerkt, dass, hätte Stieglitz seiner Frau ein Kind gemacht, sie wohl noch am Leben wäre[149]. Auch weiß Theodor Mundt zu berichten, sie habe schon vor der Heirat selbstmörderische Anwandlungen gehabt: „Sie wollte Ottiliens Tod in den Wahlverwandtschaften wählen und nahm keine Speise zu sich. Sie wollte den Versuch machen, im Bade zu bleiben.“[150] Und ihr pietistischer Lehrer hatte ihr einige Gedanken über das Jenseits in den Kopf gesetzt, die ihr den Tod erstrebenswert scheinen ließen.

Doch wichtiger als alle diese Wurzeln des Übels ist für die Literatur ihrer Zeit die Interpretation ihres Selbstmordes als Radikalkur gegen die Schreibblockade ihres Mannes, als Opfertod auf dem Altar der Kunst. Wie die Erinnerung an den jungen Jerusalem vor dem Ende Werthers verblasst, so wird auch hier, von der Autorin in Briefen und anderen Selbstäußerungen genügend gestützt, ein Stück Literatur verfasst: die Legende von Charlotte Stieglitz.

Die Legende von Charlotte Stieglitz beginnt am 1. Dezember des Jahres 1822, als ihr Bruder einen jungen Studiengenossen mit nach Hause bringt, der über die beachtliche Zusatzqualifikation verfügt, wegen eines – im weitesten Sinne – politischen Gedichtes nach mehrwöchiger Haft von der Universität Göttingen verwiesen zu sein. Charlotte verliebt sich in den „leibhaftigen Dichter“, gefällt sich fortan in der Rolle der Dichterbraut und Muse und sieht fortan ihre Lebensaufgabe einzig und allein darin, ihn zum Dichten anzuspornen. Sie ist hingebungsvoll, hilfreich, aber auch sehr kritisch. Die überschwänglichen Gedichte, die ihr Geliebter über Hegels Philosophie verfasst – sehr zum Befremden des Meisters –, sind ihr zuwider; sie fordert, Heinrich

---

147 zit. n.: Maurice Nadeau: Geschichte des Surrealismus. Reinbek bei Hamburg, 1986. S. 78.

148 Wolfgang Promies: Der ungereimte Tod, oder wie man Dichter macht. Zum 150. Todestag von Charlotte Stieglitz. In: Akzente. Zeitschrift für Literatur. 32. Jhg., 1985. S. 560.

149 Eitel Wolf Dobert: Karl Gutzkow und seine Zeit. Bern, München, 1968. S. 82.

150 C. S., S. 20.

solle dergleichen doch lieber auf Griechisch oder Latein schreiben, dann läse es wenigstens keiner. „Ihr schien das philosophische System nun einmal außerhalb der Sphäre der Poesie zu liegen“[151] und somit indiskutabel zu sein.

Charlotte hat beschlossen, ganz der Poesie, beziehungsweise in diesem Falle: ganz ihrem Poeten, zu leben. Heinrich beschließt, sie zu heiraten. Er beendet sein Studium, promoviert mehr schlecht als recht und bemüht sich um ein Amt, um seine Frau ernähren zu können. Bald darauf ehelicht ein – nach Diagnose Leibbrands – „Manisch-Depressiver“ eine „im Kraepelinschen Sinne manisch-depressive Psychopathin“[152].

Das Glück ist nur von kurzer Dauer. Charlotte findet ihren Dichter „an eine Büreau-galeere der armseeligen socialen Nothwendigkeit geschmiedet“[153], ihn, der doch „frei flattern wie ein Vogel und frei singen wie ein junger Musengott“[154] sollte. Die Belastung als Lehrer und Bibliothekar, der profane Broterwerb kostet Heinrich zu viel Kraft und Zeit, als dass er nach Feierabend auch noch dichten könnte. Auch geistig ist er der Lage nicht gewachsen, Charlotte sieht ihn „öde vor sich hinstieren“[155], eine „niedergedrückte, erschöpfte Stimmung“[156] hat sich seiner bemächtigt. Mundt erzählt, Stieglitz

> „versank [...] einmal auf einem Spaziergang ganz in sich, und merkte nicht mehr auf die neben ihm gehende Gefährtin. Sie stahl sich von seiner Seite weg, und ging allein von dannen, um ihn dadurch, daß er sie plötzlich vermisse, wieder zum Erwachen und zu sich selber zu bringen“[157].

Wie dieser erste Heilversuch ausgegangen ist, berichtet Mundt nicht, doch Charlotte kam zu dem Schluss: „wer's recht gut mit Dir meint, der müßte ordentlich drauf ausgehn, Dir recht tiefen Schmerz zu bereiten!“[158]

Charlotte versucht alles, um aus ihrem Heinrich (wieder) einen Dichter zu machen. Sie schenkt ihm Schreibfedern und verfasst kleine aufmunternde Gedichtchen, arbeitet gar selbst eine ganze Szene des „Sultan Selim“ aus, an der ihr Mann nach mehrfa-

---

151 Heinrich Stieglitz: Selbstbiographie. A. a. O. S. 77.

152 Werner Leibbrand: Der Selbstmord der Charlotte Stieglitz. In: Deutsche Medizinische Wochenschrift 50, 1934. S. 1929.

153 C. S., S. 20.

154 ebd.

155 Werner Leibbrand: A. a. O. S. 1930.

156 C. S., S. 22.

157 ebd. S. 11.

158 ebd. S. 82.

chen Versuchen gescheitert war. Sie bettelt bei seinen Verwandten, ihm eine Kur zu ermöglichen, und versucht, ihm eine Freistellung von seinem Bibliotheksamt – bei gleichzeitiger Lohnfortzahlung – zu erwirken.

Als all dies nichts fruchtet, sieht sie nur noch die eine Chance: sich ihm durch den Tod zu entziehen, um ihn dadurch aller leidigen Pflichten und Verantwortungen zu entbinden und ihn durch den heftigen Schmerz aus seiner Lethargie herauszureißen. So verbindet die schon seit ihrer Jugend sehnsüchtig nach dem Jenseits strebende Charlotte das Angenehme mit dem Nützlichen: für sich selbst den Himmel, für Heinrich den unsterblichen Dichterruhm.

> „Unglücklicher konntest Du nicht werden, Vielgeliebter!", schreibt sie in ihrem Abschiedsbrief. „Wohl aber glücklicher im wahrhaften Unglück! In dem Unglücklichsein liegt oft ein wunderbarer Segen, er wird sicher über dich kommen!!!! Wir litten beide ein Leiden [...]! Es wird besser mit Dir werden, viel besser jetzt [...]".[159]

Und damit verschied die Muse des Heinrich Stieglitz, in dem Bewusstsein, auf Erden alles in schönster Ordnung hinterlassen zu haben.

---

[159] Charlotte Stieglitz: Gedichte und Briefe. Hrsg. v. Franz Josef Görtz. Frankfurt/M.,1987. S. 148.

IV. Zensiertes Nachspiel

Mundt und Gutzkow, 1835

Die Heilige auf dem Index

Zu Risiken und Nebenwirkungen
lesen Sie die Packungsbeilage
und fragen Sie Ihren Arzt oder Apotheker.

(Nachspann der Medikamentenwerbung)

Silvesternacht 1834/35: Charlotte Stieglitz liegt aufgebahrt im Haus am Schiffbauerdamm, und ihr unglücklicher Poet sitzt daneben und notiert: „Ich weiß Dich in mir; und einst, wenn wir einander wieder begrüßen im verklärten Sein, auch meine Seele frei, mußt Du mich Deiner würdig finden, Erfüller des Sinns Deines großen Opfertodes."[160]

Mundt, der es besser wusste, kommentierte in einem Brief an Kühne: „mit dem ‚Opfertod', den der unselige und gottverlassene Stieglitz bereits zu einer Phrase gemacht hat, habe ich im Innersten meiner Gedanken nie einverstanden sein können, und ich konnte es am allerwenigsten."[161] Doch in einem weiteren Brief heißt es: „Ich kenne keine geheimeren Motive von Charlottes Tod; ich wage keine zu kennen."[162] Und so webt Mundt, der sie in Briefen künftig nur noch seine „Heilige" nennt, vielleicht am eifrigsten an der Legende vom Opfertod und beginnt, Charlottes Biographie zu schreiben, über die er sich derartig mit Stieglitz zerstreitet, dass die Freundschaft der beiden in die Brüche geht. Mundt hatte unter anderem angedeutet, die Kinderlosigkeit des Paares liege am Ehemann ...

Zur gleichen Zeit ist die Kunde von der Tragödie auch nach Frankfurt gelangt. Unter dem Titel „Cypressen für Karoline[163] Stieglitz" erscheint Karl Gutzkows Nachruf auf Charlotte. „Nicht Ruhe, sondern Verzweiflung gönnte sie ihrem Manne", schreibt Gutzkow. „Sie gab sich als Opfer hin, nicht um ihn zu heilen, sondern in recht tiefe

160 zit. n.: Susanne Ledanff (Hrsg.): Charlotte Stieglitz. Geschichte eines Denkmals. Frankfurt/M., Berlin, 1986. S. 129.

161 zit. n.: Susanne Ledanff: A. a. O. S. 132.

162 ebd. S. 133.

163 Grund für diese Namensverwechslung ist möglicherweise die Erinnerung an die Selbstmörderin Karoline von Günderrode.

Krankheit zu werfen. Sie wollte seiner Melancholie einen grellen, blutroten, und ach! nur zu gewissen Grund geben."[164] Für Gutzkow steht fest: „Wer das Genie Goethes besäße und es schon aushalten könnte, daß man von Nachahmung sprechen würde, könnte hier ein unsterbliches Seitenstück zum Werther geben."[165]

Mundt, Gutzkow und Stieglitz stimmen darin überein, dass Charlottes Tod für sie eine Aufforderung zum Dichten bedeutet. Tatsächlich erscheinen im Jahr nach ihrem Tode drei Bücher über sie, drei der wichtigsten jungdeutschen Werke, zwei davon direkt durch ihren Selbstmord inspiriert, an das dritte hatte sie noch zu Lebzeiten persönlich Hand angelegt. Von ihrem Mann aber stammt keines der drei Bücher, und dieser Fehlschlag ihres Plans ist vielleicht tragischer als ihr Tod selbst. Gutzkow kommentiert: „Es gibt Irrtümer, die schöner sind als das Richtige."[166] Aus Stieglitz ist nichts geworden. In Berlin hält ihn nichts mehr, sein Ruf ist ruiniert, Freunde wenden sich von ihm ab. Er irrt rastlos in der Welt herum, es zieht ihn nach Süden, so gelangt er nach Italien. Hier prahlt er mit dem Dolch, weist Charlottes Abschiedsbrief vor als „Diplom", als „höhere Promotion"[167]. Für Touristen ist er „Der mit der Toten"[168]; er stirbt, ohne etwas Unsterbliches geleistet zu haben, im Süden, von dem er sein Leben lang geträumt hatte, an der Cholera in Venedig. Sela.

Die beiden Jungdeutschen hingegen waren nicht untätig geblieben. Bereits im Januar erscheint die Vorabveröffentlichung eines Kapitels aus Mundts neuem Buch „Madonna. Unterhaltungen mit einer Heiligen", deren Titelfigur, wie schon Esperance, Charlotte Stieglitz zum Vorbild hat. Mundts Zeitschrift, die mit dieser Januarausgabe ihre Premiere feiert, trägt den Namen des Versuchers aus den „Lebenswirren": „Literarischer Zodiakus". Über Charlottes Einfluss auf die „Madonna" gibt Mundt in einem Brief an Stieglitz vom 24. November 1834 Auskunft:

> „Lottchen wieder gesehen zu haben, hat auf mich den heilsamsten [!] Eindruck gemacht. [...] Gleich heut' hab ich in den letzten Bogen meiner „Madonna" mehrere Veränderungen gemacht, auf die ich bloß durch die Stimmung ihrer befreundeten Nähe gekommen bin."[169]

---

164 Karl Gutzkow: Zypressen für Karoline Stieglitz. Zit. n.: Susanne Ledanff: A. a. O. S. 146.

165 ebd. S. 142.

166 Karl Gutzkow: Rahel, Bettina, die Stieglitz. Zit. n.: Susanne Ledanff: A. a. O. S. 170.

167 Werner Leibbrand: A. a. O. S. 1929.

168 Wolfgang Promies: A. a. O. S. 575.

169 zit. n.: Heinrich Hubert Houben: Jungdeutsche Lebenswirren. A. a. O. S. 452.

Es ist noch die lebende Charlotte, die dem Leser in Gestalt des kleinen böhmischen Mädchens Maria, der Briefpartnerin des namenlosen Reiseschriftstellers und Ich-Erzählers, entgegentritt. Mundt hatte es – allein oder in Gesprächen mit Charlotte – geschafft, sich aus der unzufriedenen Gleichgültigkeit der verhassten Synthese polarer Gegensätze herauszuwinden.

Zwar werden in der „Madonna" wie in kaum einem anderen jungdeutschen Text Polaritäten mit einander versöhnt. Programmatische Schlüsselfiguren dieses Romans sind Casanova – als Vereinigung des die „Quarantäne" bestimmenden Gegensatzpaares, des intellektuellen Faust und des sinnlichen Don Juan – und die Weltheilige Maria – als Verkörperung einer tiefen Religiosität ohne die vom „falsch verstandenem" Christentum verordnete Sinnenfeindlichkeit. Doch sind diese Synthesen von anderer Art als der „faule Kompromiss" des Juste Milieu.

Mundts Zauberwort heißt „Bewegung", und es ist kein Zufall, dass die erste Nummer des Zodiakus, die den Vorabdruck enthält, mit dem zensorenalarmierenden Aufsatz Mundts „Über Bewegungsparteien in der Literatur"[170] eröffnet. Aus der Vereinigung der Gegensätze entsteht nicht mehr ein starrer, unveränderlicher Zustand des Todes, sondern „das Prinzip der Bewegung"[171]:

> „Was sich bewegt, das ist ewig! Und was ewig ist, bewegt sich. Siehe, was still steht und sich fertig wächst, ist nur das Vergängliche an Körper und Seele der Menschen und der Staaten. Nur der schlechte Teil an uns wird ein weiser Greis, nur das sterbliche Stück Leben setzt sich am Ende zur Ruhe und kündigt sich als einen stabil gewordenen Organismus an."[172]

Drei Monate nach der gesamten „Madonna" erscheint im August Mundts Biographie der Charlotte Stieglitz, von der Gutzkow in einer Rezension sagte, sie sei „vielleicht der ergreifendste Roman, der seit Werther geschrieben und geschehen ist."[173]

Zeitgleich mit Mundts „Denkmal" kommt auch Gutzkows Roman „Wally die Zweiflerin" in die Buchhandlungen, ein Roman, den der Autor innerhalb von nur drei Wo-

---

170 Theodor Mundt: Über Bewegungsparteien in der Literatur. In: T. M. (Hrsg.): Literarischer Zodiakus 1, Januar 1835. Reprint: Frankfurt/M., 1971. Hrsg. v. Alfred Estermann.

171 M., S. 6.

172 ebd. S. 5.

173 Karl Gutzkow: [Rezension von „Charlotte Stieglitz, ein Denkmal"]. In: K. G. und Ludolf Wienbarg (Hrsg.): Deutsche Revue. Reprint: Deutsche Revue / Deutsche Blätter. Frankfurt/M., 1971. Hrsg. v. Alfred Estermann. S. 38.

chen, „veranlaßt durch den Tod der Charlotte Stieglitz“[174], niedergeschrieben hat. Charakterlich hat die Figur der Wally kaum eine Ähnlichkeit mit ihrem „Anlass“ Charlotte; in Temperament und Lebensweise ist sie eher ihren beiden anderen Ahnherrinnen, Friedrich Schlegels „Lucinde“[175] und George Sands „Lelia“[176], verpflichtet. Auch ihr Ende hat außer dem Dolchstoß nur wenig mit dem friedlich-sanften Bild der toten Charlotte gemein:

> „Man fand sie auf dem Bette ausgestreckt. Das Licht stand zu ihren Häupten. Sie hatte mit beiden Händen den in das rote Tuch gewickelten und darin auch von ihr während des Stoßes gelassenen Dolch in ihr Herz gedrückt und lag da, nicht lächelnd und ruhig, wie wohl in andern Fällen hier getroffen ist, sondern mit krampfhafter Verzerrung ihres schönen Antlitzes und einem Ausdrucke der Verzweiflung in den starren Augen, der erschrecken machte.“[177]

Schuld am Tode Wallys ist ihr Verhältnis zur Religion und zu einem nicht geringen Anteil auch ihr kalter Freund Cäsar, den Kühne sofort mit dem Autor des Romans identifiziert:

> „Cäsar ist der ganze Gutzkow. Er hat >>einen ganzen Friedhof toter Gedanken, herrlicher Ideen, an die er einst glaubte, hinter sich; ein gefühlloser Skeptiker, der mit Begriffsschatten, mit *gewesenem* Enthusiasmus *rechnet*.<< [...] Das ist Gutzkows ganzes Unglück.“[178]

Dadurch, dass er seine Heldin an der Gleichgültigkeit ihres Freundes sterben lässt, ist Gutzkow den Ereignissen um seine Vorlage Charlotte vermutlich sehr nahe gekommen. Doch weder Mundt noch Kühne waren sonderlich angetan von seiner „skandalösen Wally“. Noch zwei Jahre später wird Mundt mit Blick auf diesen Roman sagen:

> „Das junge Deutschland ist aber doch ein gar zu lächerliches und miserables Institut gewesen, die gefährlichen Ideen desselben will ich gern, wenn ich einige freche Ideenlosigkeiten von Gutzkow ausnehme, auf meine Schultern laden“[179].

---

174 Karl Gutzkow: Wally die Zweiflerin. Vorrede der Ausgabe von 1852. Zit. n.: K. G.: Wally, die Zweiflerin. Studienausgabe mit Dokumenten zum zeitgenössischen Literaturstreit hrsg. v. Günther Heintz. Stuttgart, 1983. S. 140.

175 Gutzkow gab 1835 Schleiermachers „Vertraute Briefe über die Lucinde“ zusammen mit einem aufsehenerregenden Vorwort neu heraus.

176 „Lélia“ war im Jahre 1934 der erste Roman George Sands, der ins Deutsche übersetzt wurde. Gutzkow schreibt im Vorwort zur „Wally“ von 1852: „Es ist diese Walpurgis die französische Hexe Lelia in deutschem Gewande.“ (A. a. O. S. 144.)

177 Karl Gutzkow: Wally, die Zweiflerin. A. a. O. S. 127.

178 Gustav Kühne: Gutzkows neueste Dichtungen. Zit. n.: Karl Gutzkow: Wally, die Zweiflerin. A. a. O. S. 327.

Es gehört zur Tragik Charlottes, dass ausgerechnet diese drei von ihr veranlassten Bücher nun ihrerseits Anlass wurden für den Tod der Bewegung, die sie als ihre „Heilige“ kanonisiert hatte. Schon der zweite Vorabdruck eines Auszuges aus der „Madonna“ im Februarheft des „Zodiakus“ war Grund genug, Mundt Habilitationsverfahren – wenige Minuten vor der Antrittsvorlesung – auszusetzen. Varnhagen von Ense warnte vergeblich vor der Publikation des „Denkmals“. Gutzkows „Wally“ rief Wolfgang Menzel auf den Plan, Gutzkows literarischen Ziehvater, der es nie hatte verwinden können, dass sein Schützling anfing, eigene Wege zu gehen. Menzels Attacken erhielten bald Unterstützung durch Metternich, der die günstige Gelegenheit ergriff, die lästigen Literaten loszuwerden.

Die „Madonna“ hatte Mundt seine Professur gekostet. Die „Wally“ brachte Gutzkow eine Gefängnisstrafe ein. Am Ende des Jahres erging das Urteil über das Junge Deutschland. Es wurden verboten: die Autoren Heinrich Heine, Ludolf Wienbarg, Heinrich Laube, Karl Gutzkow und Theodor Mundt, ihre bisherigen und zukünftigen Schriften und die Denkmäler für Charlotte Stieglitz.

---

[179] Theodor Mundt: Spaziergänge und Weltfahrten. Altona, 1837. S 167.

Drei Reisen nach Helgoland

Eine Fluchtburg aus Bundsandstein

Ein roter Felsen in der Brandung der Nordsee, eine schroffe, zerklüftete Sandsteinküste, die fast 60 Meter senkrecht in die Tiefe stürzt, ein trotziges und doch vom Verfall gezeichnetes Bollwerk vor der deutschen Küste, dem Vaterland und der Muttersprache nahe und doch dem Zugriff der deutschen Behörden entzogen: Was ist es, das gleich drei der fünf Verbotenen von 1835 auf die Insel Helgoland zog? Heinrich Heine, Theodor Mundt und Ludolf Wienbarg – irgendwo zwischen tobenden Nordseewellen und splendider Badegesellschaft fanden sie alle drei hier für kurze oder auch für längere Zeit, wie im Falle Wienbargs, ein Asyl auf dem Felseneiland. Eine Ruhestätte, die beides war: Fluchtburg und Ruhepunkt, um Atem zu schöpfen nach den politischen Querelen auf dem Festland – aber auch: ein Kraftort, um die alten Kämpfe erneut zu durchdenken, wieder aufzunehmen und Energie und Hoffnung zu tanken für neue Feldzüge.

Die Situationen, in denen die drei politischen Reiseschriftsteller die Insel ansteuerten, sind äußerst unterschiedlich. Und so entstehen drei Reisetagebücher, bei deren Betrachtung es kaum glaublich erscheint, dass sie alle drei die gleiche Insel schildern. Mit leicht ermüdeter Ironie nimmt Heinrich Heine die Feder auf, um sich schließlich in einen wahren Dithyrambus auf die Pariser Julirevolution zu ergießen und als „Sohn der Revolution" in einem stilisierten Selbstfindungsprozess die eigene Wiederauferstehung zu feiern. Mundt, als Kind der Berliner Salons, der soeben wegen einiger freizügiger Kapitel über die „Wiedereinsetzung des Fleisches" seine Universitätskarriere ruiniert hatte, schreibt nun gerade von den Frauen und der Liebe auf Helgoland. Und Wienbarg, am Ende einer langen Kette von Fluchten und Ausweisungen, von Frankfurt bis nach Altona gejagt, erreicht nun den nördlichsten und letzten Punkt seiner Flucht. Ein verbitterter Freiheitskämpfer, verboten und mittellos, bringt seine letzte große Schrift zu Papier.

Während Heine auf dem Felsen die Bibel liest, vom Tod des großen Pan erzählt und die Götter der Zukunft verkündet, ist für Mundt die Insel vor allem mit der Legende von der Heiligen Ursula und ihren elftausend Jungfrauen verbunden. Der elftausend Jungfrauen, die mit ihrem Keuschheits-Feldzug unter den freizügigen, liebevollen Naturkindern Mundts Darstellung zufolge überhaupt nicht landen konnten. Mundt widmet seine Blätter daher demonstrativ der Liebesgöttin Aphrodite. Wienbarg dagegen hat den Altar des jugendlichen Gerechtigkeitsgottes Fosete vor Augen, den die Germanen auf Helgoland verehrten. Nichts Größeres kann er sich vorstellen, als hier erneut einen Kult zu stiften, in dem reine deutsche Jünglinge sich dem Vaterland widmen.

I. Ein Liebeslied vom roten Felsen

Mundt – als Flüchtiger auf dem roten Felsen? Seiner Reisebeschreibung ist es nicht anzumerken, dass er, wie etwa Wienbarg wenige Monate später, sein Heil im Exil unter Englands Flagge suchte. Er selbst, obwohl wegen seiner Schriften gerade seine Professur verloren gegangen war, mochte im September 1835 noch nicht an eine gezielte Verfolgung seiner Person glauben. Varnhagen von Ense, der durch seine Kontakte zu den höchsten Kreisen weiter sah, warnte ihn davor, in Berlin zu bleiben. Er „hatte ihm dringend geraten, sofort nach Paris zu reisen, da er vielleicht persönlich gefährdet sei", berichtet Otto Draeger[180]. Es wird jedoch nichts mit der französischen Hauptstadt. Mundt erhält keinen Reisepass. Anfang September verlässt er Berlin, um „sich Erholung von den Aufregungen der letzten Monate, wenigstens für einige Zeit, zu verschaffen"[181]. Er fährt nach Hamburg, wo er bei Varnhagens Schwager Aufnahme findet. Statt Paris besucht er daraufhin die Insel, reist dann nach Frankfurt am Main. Am 13. Oktober trifft er dort auf Wienbarg und Gutzkow, um über das gemeinsame Vorgehen unter der Flagge eines „Jungen Deutschlands" zu verhandeln – zwei Monate später wird er mit diesen beiden gemeinsam verboten werden.

Der kleinen Skizze ist dieser Zeit – zwischen dem Zusammenbruch der Universitätskarriere und dem Berufsverbot für den Schriftsteller – kaum etwas anzumerken. Heiter, zierlich, fast biedermeierlich kommt eine Schilderung des roten Felsens daher, die so gar nichts von der Urgewalt des Meeres und den eindrucksvollen Felsmassiven zu wissen scheint. „Schöne Gegenden werde ich nie beschreiben"[182], heißt es in der „Madonna". „Und in großen Residenzstädten werde ich ebenfalls nur Das aufsuchen,

---

[180] Otto Draeger: Theodor Mundt und seine Beziehungen zum Jungen Deutschland. Marburg, 1909. S. 66.

[181] ebd.

[182] Theodor Mundt: Madonna. Leipzig, 1835. S. 14.

was die *Menschen* angeht und aus alten und neuen Zeiten her an sie erinnert"[183], hatte er sich schon in seinem „Buch der Bewegung" zum Programm gemacht. Und auch jetzt bleibt er sich treu und liefert einen Reisebericht über Helgoland – in dem der rote Felsen so gut wie überhaupt nicht vorkommt.

Bezeichnend ist schon der Auftakt seines Reiseberichts: Statt der tosenden Wellen, des schwankenden Schiffs und der mitleidheischenden Berichte über Seekrankheit der Passagiere – ein Pflicht-Topos fast aller Helgoland-Schilderungen – waltet hier das Zierliche einer Bade-Idylle vor: Eine „niedliche, wißbegierige Passagierin" nimmt den Dampfkessel des Schiffes in Augenschein, wobei „sie sich aus Mädchenübermuth an den Kohlesäcken die weißen eleganten Hände schwärzt"[184]. Der Erzähler befindet sich bereits auf der Rückreise von seiner Badekur. In eleganter Gesellschaft an Bord des Dampfschiffes „Elbe" gibt er sich Betrachtungen darüber hin, wie die Badekultur inzwischen sogar schon auf die rauhe See Einfluss genommen habe:

> „Der Ocean hat die feinen Sitten der Dampfschiffahrt angenommen, und der schönen gebildeten Societät, die, von Jahr zu Jahr zahlreicher, in Moderock und Atlaskleidern und brüsseler Spitzen seinen Tigerrücken befährt, bemüht er sich sichtlich, immer mehr und mehr zu zeigen, daß auch er sich cultivire. So glatt und anständig liegt er heut da, wie ein gebohnter Estrich, auf dem das taktmäßig schwankende Dampfboot mit der Grazie einer Taglioni seine zierlichen Schenkel dahin tanzen läßt [...]."[185]

Ein Bild, das vielleicht nicht sonderlich geglückt erscheint, jedoch einen charakteristischen Auftakt für Mundts eigentümlichen Blick auf die Insel darstellt: Es soll um die Helgoländer Damenwelt gehen, um Schönheit, Liebe und nicht zuletzt auch um Mode. Die Schilderung, die sich als Brief an einen nicht näher bezeichneten Isidor gibt – die Assoziation an Isidor Bürger, der 1836 einen Gedichtband über die Insel veröffentlichte, drängt sich auf –, wartet gleich zu Anfang mit einer Information auf, die vor allem auf die weibliche Leserschaft Eindruck gemacht haben wird: Mundt schreibt, er habe für Isidors Schwester einen original helgoländischen Hut – echtes „Kennzeichen einer wirklichen Badegastin"[186] – gekauft, und liefert auch gleich die Beschreibung des guten Stücks mit:

183 ebd. S. 13.

184 Theodor Mundt: Leben auf Helgoland. In: Th. M.: Kleines Skizzenbuch. Berlin, 1844. S. 40.

185 ebd. S. 39.

186 ebd. S. 41.

> „Diese echt nationalen Hüte der Helgolanderinnen, die schon früher Urzeit entstammen, und dort von den meisten Mädchen getragen werden, bestehen aus nichts mehr und nichts weniger als einem Bogen dünner Pappe, zu einer länglich schmalen Hutform gedreht, und mit einem Stück Taffet oder sonstigem dunkelgefärbten Zeug übernäht, von dem ein Theil herunterfällt, um zur Bedeckung des Halses zu dienen.“[187]

Er weiß von Badefahrten hinüber zur der Insel vorgelagerten Badedüne zu berichten, „wo die Damen, mit ihrem lang herunterhängenden feuchten Haupthaar, das sie bis zu der nach der Rückkehr verschobenen vollständigen Toilette frei unter den Hüten hervorflattern lassen, uns einen malerischen Anblick bieten.“[188]

Mundt hatte sich unter anderem in seiner „Madonna“ besonders für einen freieren Umgang mit Liebe und Körperlichkeit stark gemacht und drei seiner kirchenkritischen Briefe aus Prag mit dem Titel „Emancipation des Fleisches“ überschrieben. Nun scheint er hier das erträumte Ideal tatsächlich und leibhaftig vorgefunden zu haben. Gegenüber engherzigen prüden Kirchendogmen führt er genüsslich eine Version der Legende der Heiligen Ursula und ihrer „Virginitätsassociation“ an, die besagt,

> „daß die alten Bewohner Helgolands diesen Überfluß an heiligen Jungfrauen nicht zu schätzen gewußt, und sich, zum Besten der Liebe, so lieblos gegen dieselben benommen, daß zur Strafe das Land großentheils wieder versunken und eingeschrumpft, und nur noch das kleine mürbe Stück Fels übrig geblieben sei [...].“[189]

Mundt, der seine Rückfahrt von der Insel zu einer Theodizee der Anadyomene stilisiert, glaubt, in diesem roten Felsen tatsächlich eine Insel der Liebe gefunden zu haben, und weiht seine Skizzen daher der „strahlende[n] Meerestochter“[190] Aphrodite, „denn sie werden lediglich von den Helgolanderinnen und von der Liebe handeln.“[191] Liebe und Emanzipation, die beiden Hauptcharakteristika, die Mundts Romanheldinnen seit jeher auszeichneten, hat der Autor hier offenbar in den realen Insulanerinnen verwirklicht gefunden. Und die selbstbewusste Freiheit, mit der seine „Madonna“ sich in der Welt bewegte und die ihm von Seiten der Kirche so übel genommen worden war – hier kann er sie als naturhaft und damit gottgewollt gegen eine bigotte Festlandsgesellschaft ausspielen. Naives Vertrauen und ein natürliches Selbstbe-

---

[187] ebd. S. 41f.

[188] ebd. S. 42.

[189] ebd. S. 50.

[190] ebd. S. 43.

[191] ebd. S. 44.

wusstsein zeichnen die jungen Helgoländerinnen in dieser Reiseskizze aus. Besonders auffallend scheinen ihm

> „diese merkwürdigen, nationellen Gesichtszüge, die wie Meereslilien unter der reinen scharfhauchenden Luft des Eilandes gedeihen, und von der freien Weltfernsicht des ringsum rauschenden Oceans eine gewisse Keckheit angenommen zu haben scheinen."[192]

Mundt spricht von „scharfgezeichneten, lebensvollen Gesichtern"[193], denen die helgoländische Nationaltracht, das turbanartig geschlungene Kopftuch, „ein eigenthümliches Colorit gibt"[194]. Mit Ausnahme der böhmischen Mädchen hat Mundt wohl keinen Frauentypus mit mehr Wohlwollen gezeichnet als diese Insulanerinnen:

> „Selten groß von Gestalt, ist eine Helgolanderin fast immer von kräftiger Zierlichkeit des Baues, und im heitern und neckenden Gespräch [...] reicht sie dir vertraulich die feine, kleine Hand hin, die man hier selbst bei den niedrigsten Mädchen gewahrt."[195]

Die von den Jungdeutschen propagierte „freie Liebe" ohne den Segen eines Priesters findet Mundt hier verwirklicht. Und was die „Madonna" auf die Verbotslisten brachte, ist auf dieser Insel offenbar gang und gäbe – und zwar ohne die von Moralaposteln befürchtete Verrohung der Sitten und den Niedergang der Gesellschaft. Von allen Einwohnern akzeptiert, gibt es hier einen völlig normalen Geschlechtsverkehr vor der Ehe, über den Mundt nur staunen kann:

> „Hat sich nämlich ein helgolandisches Paar vor Gott und ihrem eigenen Herzen Liebe und Treue gelobt, so ist es, merkwürdig genug, allgemeine Sitte [...], daß sich die Verlobten mit der größten Freiheit alle Rechte der Ehe unter einander zugestehen, und daß die Hochzeit erst später, wo die Gunst der Umstände und des Erwerbes es gestattet, als ein Nachkommendes hinzuzutreten pflegt."[196]

Kein Wunder, dass bei Menschen, die „eben durch diese Unbefangenheit, bei allem Scheine von Freiheit, ihren natürlichen Unschuldszustand"[197] verraten, auch die Heilige Ursula mit ihrer „Virginitätsassociation" aus elftausend Jungfrauen nicht willkommen war und dass in Mundts Augen die Insel als „ein traulicher Naturtempel der

---

[192] ebd. S. 45.
[193] ebd. S. 46.
[194] ebd.
[195] ebd. S. 47.
[196] ebd. S. 49.
[197] ebd. S. 48.

über alle Gesetze erhabenen Aphrodite"[198] wurde, das Heiligtum eines Kultes, der „die zweideutigen Bequemlichkeiten und Vorzüge der Civilisation durch süße und arglose Hingebungen an das Naturrecht, welches im Grunde das Vernunftrecht ist, ersetzt."[199] Man vergleiche die extrem distanzierte Stellungnahme Ludolf Wienbargs zum Brauch des „Kortelns"[200].

Doch Mundt geht es nicht nur um sexuelle Freizügigkeit, sondern überhaupt um die Freiheit und Emanzipation. Der Autor, der sich bei seinen Romanheldinnen stets bemühte, ihnen eine zumindest rudimentäre (Berufs-)Ausbildung zu verschaffen, findet hier geradezu das Ideal einer gleichberechtigt mitschaffenden Frau vor. Auf der Insel gibt es eine „Arbeitsteilung" zwischen den Geschlechtern: Während den Männern der Bereich der See zugeordnet ist, verrichten die Frauen ausnahmslos alle Arbeit, die an „Land" geleistet werden muss, einschließlich der körperlich anstrengenden Landwirtschaft und des Tragens auch der schwersten Lasten sowie des Handels und der Vermietung von Zimmern an die Touristen. Ein hartes, mühevolles Leben, doch für Mundt, der dem Ideal einer protestantischen Arbeitsethik zuneigt, ein schaffendes und erfülltes Dasein. Als Motiv für die Helgoländerinnen, die auch die mühevollsten Tätigkeiten auf sich nehmen, nimmt Mundt getreu seiner Zueignung an Aphrodite die Liebe an:

> „Die Helgolanderinnen dulden nämlich nicht, daß ihre Männer viel arbeiten, und verrichten daher die meisten und beschwerlichsten Geschäfte [...] selbst. Sie führen ein mühevolles und angestrengtes Leben, während die Männer auffallend müßig gehen und faullenzen. Die Frauen bestellen den Acker, die Männer stehen ruhig dabei und leisten nicht die geringste Hilfe. Die Frauen tragen alle Lasten die große Treppe zum Oberlande hinauf, die Männer gehen neben ihnen her, ohne eine fördernde Hand anzulegen. Dies verrichtet Alles bei den trefflichen Helgolanderinnen die Liebe, deren freierkorener Wille es ist, daß ihre Geliebten, so lange sie sich auf dem festen Insellande befinden, und nicht mit dem stürmischen Elemente draußen zu kämpfen haben, der größten Schonung und Ruhe genießen sollen."[201]

Nein, dieses Helgoland ist keine Idylle, keine heile Welt der Verliebten. Und Mundt macht deutlich, dass all das „liebevolle" Arbeiten, mit dem die Helgoländerinnen ihre Männer entlasten, einzig und allein aus der Sorge heraus geboren wurde. Denn die Frauen können auf dieser Insel nie sicher sein, den Geliebten lebend wieder zu sehen,

---

198 Ebd. S. 49.

199 Ebd.

200 Ludolf Wienbarg: Tagebuch von Helgoland. Hamburg, 1838. S. 192.

201 Theodor Mundt: Leben auf Helgoland. A. a. O. S. 52.

wenn er als Lotse oder Fischer aufs Meer hinausfährt. Berufe, in denen die Helgoländer zu Mundts Zeit oft genug ihr Leben aufs Spiel setzten. In der leicht gekürzten Helgoland-Beschreibung der Mundt-Ausgabe in „Meyers Groschenbibliothek" bietet sich dem Leser ein eindrucksvolles Schlussbild:

> „Auf der höchsten Höhe der Klippe harrt die Helgolanderin mit ihrem weitreichenden, blauen Späheraugen auf das schwankende Boot, aber der Bootsmann ruht unten im kühlen, grünen Schooße der Meerestiefe, und die weinende Helgolanderin schleicht langsam in die verödete Hütte zurück, wo sie sich aus Treue und Leid zu Tode grämt. Klein ist der Friedhof der Insel, und nur über der treuen Helgolanderin wölbt sich bald ein neuer Hügel, die übrigen vermehrend. Der Helgolander da unten aber hat ein schöneres Grab von Krystall und Smaragd und Perlenthau, wie ich es mir längst gewünscht habe."[202]

II. Ein Exil auf Fosetes Altar

„Wienbarg auf Helgoland! Als ob die Natur zwei Mal dasselbe schaffen wollte, um geistig zu wiederholen, was sie im Kreise der physischen Welt hervorgerufen."[203] Mit diesem emphatischen Ausruf begrüßt Gustav Kühne das Tagebuch, das Ludolf Wienbarg im Jahr 1838 veröffentlichte.

> „Wienbarg ist das Nordseeeiland, das feuchte Winde langsam zermürben. Aber seine Stirn bleibt Fels, das kräftige Meer wäscht seine Füße rein und ein heller Athemzug der Freiheit umstürmt seine Brust."[204]

Wienbarg und der trotzig-zermürbte Buntsandsteinfels als geistig Verwandte – eine Assoziation, die der Jungdeutsche auch bei vielen anderen Zeitgenossen hervorrief. So empfand Friedrich Hebbel, der 1853 in einem „Reisebrief" von einer Helgolandfahrt berichtete, Wienbarg noch immer als den „Genius des Eilands"[205]. Und noch Feodor Wehl, der im Jahr 1861 seinen Reiseführer „Ganz Helgoland für 10 Silbergroschen"[206] veröffentlicht, fand keinen besseren Gewährsmann für die helgoländi-

---

[202] Theodor Mundt. Hildenburghausen, o. J. (n. 1852). S. 90f. Im „Skizzenbuch" schließt sich noch eine Schilderung des Bildes „Heiratsantrag auf Helgoland" des Malers Jordan an.

[203] Gustav Kühne: Portraits und Silhuetten. 2. Teil. Hannover, 1843. S. 173.

[204] ebd. S. 173f.

[205] Friedrich Hebbel: Werke. Hrsg. v. Gerhard Fricke, Werner Keller und Karl Pörnbacher. 3. Band. München, 1965. S. 877.

[206] Feodor Wehl: Ganz Helgoland für 10 Silbergroschen. Hamburg, 1861.

schen Verhältnisse als den ehemaligen Kieler Dozenten, den er ausführlich zitiert. Wienbarg, der sich Zeit seines Lebens als „Nordlandrecke“ stilisiert hatte, gelangte in den Augen vieler seiner Zeitgenossen mit einer gewissen Folgerichtigkeit an den Felsen. Trotzig, kämpferisch, umtost von feindlichen Stürmen – auch Kühne zieht diese Parallele und fährt fort:

> „Er hat nichts als den Felsen der Gesinnung, den schäumenden Wellenschlag der Nordlandsluft, die um die Küsten schnaubt und mit ihrer reinigenden Kraft nicht hineinreicht bis in die Atmosphäre des Binnenlandes.“[207]

Wienbarg kommt als Flüchtling. Der Versuch, gemeinsam mit Karl Gutzkow eine jungdeutsche Zeitschrift zu gründen, ist gescheitert. Die „Deutsche Revue“, zu deren Autoren auch Mundt, Heine und Börne zählen sollten, wurde noch vor dem Erscheinen des ersten Heftes verboten. Gutzkow wurde verhaftet, Wienbarg aus Frankfurt ausgewiesen und von einer Stadt zur anderen vertrieben. Er wollte zunächst nach Heidelberg, flüchtet dann nach Mainz, wird dort vom Festungskommandanten ausgewiesen. In Nieder-Igelheim tritt er die Flucht nach vorn an. Er kündigt an, von nun an nur noch der Gewalt weichen zu wollen, und gewinnt dadurch einige Wochen Zeit, um eine Schrift über die Antike abzufassen, doch schließlich droht man ihm mit den Dragonern. Er flieht nach Kassel, darf vier Wochen bleiben, erneut folgt die Ausweisung. Ein Versuch, in Darmstadt unterzukommen, scheitert. Erst in seiner Heimatstadt Altona findet er Ruhe.[208] Doch auch hier wird er gewarnt, er sei nicht mehr sicher. Wienbarg macht sich ein letztes Mal zur Flucht auf.

> „Was suche ich auf Helgoland?“, schreibt er im Vorwort seines Tagebuchs. „Die Apotheke des Wassers? Ich bedarf ihrer nicht. Die Einsamkeit des Felsens? Sie ist sehr getrübt durch die Badegesellschaft, und, wo bin ich einsamer, als wo ich eben wandele. Oder suche ich das Meer, das sich endlos vor meinen Blicken ausdehnt? Ach, meine Augen sehen überall das unbegrenzte trübe Bild der Welt, meine Gedanken flattern in der Unendlichkeit des Alls und finden nirgends einen seligen Punkt der Ruhe. [...] Ich suche eine Handweit Erde außer dem festen und gefesteten Europa, eine Lagerstätte unter den Menschen der fluthenden Wildniß, den Sturm, der allmählich schrillend die trägen Wellen vor sich aufrollt, vor allen Dingen die stürzende Brandung, die mich von dem Athem der Verhaßten reinigen wird.“[209]

---

207 Gustav Kühne: Portraits und Silhuetten. A. a. O. S. 174.

208 Nach Houben, S. 197.

209 Ludolf Wienbarg: Tagebuch von Helgoland. Hamburg, 1838. S. Vf.

Die reale Bedrohung durch die Polizei und die permanente Flucht, dazu die Erfahrung, dass viele falsche Freunde auf Distanz gingen, dass Verleger und Schriftstellerkollegen mit dem Jungdeutschen nichts mehr zu tun haben wollten und selbst Durchschnittsbürger in Kneipen aus Angst vor Repressalien den Kontakt zu ihm scheuten – für viele Wienbarg-Interpreten wurde bereits hier der Keim sichtbar, aus dem die spätere Geisteskrankheit und der Verfolgungswahn des Schriftstellers erwuchsen:

> „Ich weiß nur zu gut, warum mir diese Reise ein Bedürfnis wird. Hundertarmig gefaßt, tausendmündig verleumdet entreiße ich mich dem Gefühle der Ohnmacht und eines ohnmächtigen Grolles, das den freien Flug meiner Seele zu vernichten droht"[210],

so schildert Wienbarg die Zeit zwischen der Zerschlagung des Jungen Deutschlands bis zu seinem Aufbruch nach Helgoland. „Man ist so schwach, allein, verlassen, im Dunkeln der Gewalt gegenüber, wenn nirgends eine Säule des Rechts, ein Altar des großen Menschenbundes zum Umklammern sich darbietet!"[211] Timon Hommes empfindet diese Sätze aus dem Vorwort als „Bezeichnend für seine psychische Veranlagung" und vermerkt, dass es „seine spätere Geistesstörung, den Verfolgungswahnsinn schon erkennen läßt."[212] Und für Adolf Graf ist dieses Vorwort geradezu „ein Schrei nach körperlicher, seelischer und politischer Freiheit"[213].

Das Buch gilt als letzter Glanzpunkt einer kurzen literarischen Karriere. Nach dem Hauptwerk, den „Ästhetischen Feldzügen", meldet sich Wienbarg zwar noch sporadisch mit Buchveröffentlichungen zu Wort, hält auch noch in seinen Aufsätzen in den Hamburger Börsenblättern die Erinnerung an den jungdeutschen Stil aufrecht, doch sein Schaffen bleibt fragmentarisch, verstreut, er wird sich nie wieder zur Höhe, zur mitreißenden Begeisterung der Kieler Vorlesungen aufschwingen. Wienbargs literarischer Abstieg hatte begonnen. Das Tagebuch markiert beides, das letzte trotzige Aufbäumen vor einer Kulisse, die dafür wie geschaffen zu sein scheint, aber auch den Niedergang: Fragmentarisches, Flachheiten und Wiederholungen aus früheren Veröffentlichungen, zum Teil im selben Wortlaut. Alfred Estermann beschreibt das Buch als „ein seltsames, unkommentiert zusammengefügtes Gemisch von lebendigen Im-

---

210 ebd. S. VIf.

211 ebd. S.IX.

212 Timon Hommes: Holland im Urteil eines Jungdeutschen. Amsterdam, 1926. S. 28.

213 Adolf Graf: Freiheit und Schönheit bei Ludolf Wienbarg. Ein Beitrag zur Ästhetik des Jungen Deutschland. Bonn, 1952. S. 28.

pressionen und fahrigen Diskussionen teilweise veralteter Materien"[214]. Viktor Schweizer stellt fest:

> „Stets ist es sein eigenes volles, ja übervolles Herz, das sich in einem kraft- und schwungvollen Stil ausspricht, der an ursprünglicher Frische alle bisherigen Schriften Wienbargs weit übertrifft. Seine vereinsamte Persönlichkeit hatte sich so innig mit dem einsamen und schroffen Felsen verbunden, daß ihn Friedrich Hebbel treffend den ‚Genius des Eilands' genannt hat. [...] Und von jener Zeit ab nahm Wienbarg sein ganzes Leben hindurch einen vereinsamten Posten ein."[215]

Walter Dietze charakterisiert das Werk als „Grenz- und Scheidepunkt, die Wasserscheide zwischen Kühnheit und Philisterium"[216] und diagnostiziert einen beginnenden Verlust der kämpferischen Linie"[217]. Keine Ehre für einen revolutionären Schriftsteller: „Der Zensor hat das sofort bemerkt; zum ersten mal seit einem halben Jahrzehnt [sic] wird für die Schrift eines Jungdeutschen [...] eine Debitserlaubnis beantragt."[218] So sei das Helgoland-Buch „ein letztes heroisches Aufbäumen gegen seine Verurteilung durch die bürgerliche Gesellschaft, noch voller Kraft und doch schon gelähmt."[219]

Die Nordsee als überwältigendes Naturerlebnis und gleichzeitig als Ort der Selbstfindung – Wienbarg hatte diese Empfindung erstmals in seinem Buch „Holland in den Jahren 1831 und 1832" beschrieben. Noch erfüllt von Griechenland-Begeisterung schildert er diese Begegnung so:

> „Ich kam vom königlichen Antikencabinett, mir war so klassisch ruhig zu Muthe, ich ging nach Schevelingen, ich sah die See, die brandende, brausende Nordsee und verweht waren meine griechischen Ideale und ich fühlte mich im Kern meines Wesens ganz ein anderer Mensch als ein Grieche. Der Athem der See fuhr mir durch die Brust, ihre Wellen brachen an meinem Herzen, wie an ihrem Ufer."[220]

Der Jungdeutsche, der sonst so gut wie keinen Sinn für Naturschönheiten zeigt, gesteht: „Beim Anblick der Nordsee fühle ich theetrinkendes, civilisirtes Geschöpf, daß

---

214 Alfred Estermann: Ein deutscher Grieche. Nachwort zu: Ludolf Wienbarg: Nach Helgoland und anderswohin. Gedanken auf Reisen. Hrsg. v. Alfred Estermann. Nördlingen, 1987. S. 218.

215 Viktor Schweizer: Ludolf Wienbarg. Beiträge zu einer jungdeutschen Ästhetik. Leipzig, 1897. S. 57.

216 Walter Dietze: Einleitung zu: Ludolf Wienbarg: Ästhetische Feldzüge, S. XLI.

217 ebd. S. XLII.

218 ebd. S. XLII.

219 ebd.

220 Ludolf Wienbarg: Holland in den Jahren 1831 und 1832. Hamburg, 1833. S. 98f)

ich noch einige Blutstropfen meiner normännischen Ahnen in mir rinnen habe."[221] Kein Wunder, dass Wienbarg im Gegensatz zu Mundt auf Helgoland nicht an den christlich-katholischen Mythos von der Heiligen Ursula denkt. Für ihn ist der rote Felsen das Heiligtum des germanischen Fosete. Fosete oder Forseti, der reine Gott der Gerechtigkeit, Sohn des strahlenden Asengottes Balder – an wen könnte sich Wienbarg besser wenden als an ihn, um die im Vorwort gesuchte „Säule des Rechts" zu finden?

Der erste Blick auf die Insel fällt offenbar wenig erhebend aus. Ein gesuchtes Bild, gewollt originell:

> „Die Landungsseite hat nichts Imposantes. Ein großer Fleischerklotz, oder, wenn man poetischer reden will von Fosetes heiligem Lande, ein ungeheurer plumper Altar, an den Seitenwänden mit falbem Blute getüncht und mit den Eingeweiden der Opfertiere streifenweise überzogen."[222]

Am Tag darauf, angesichts des brüchigen, von Wind und Wellen langsam zermürbt werdenden Bollwerks, modifiziert er seine Metapher über diesen Felsen:

> „Ich verglich ihn gestern mit einem Opferaltare, aber er ist beides zugleich, Altar und Opfer, und er wird vielleicht früher noch durch Luft, Sonnenschein und Welle zerstört werden, als die Naturforscher ihn klein kriegen."[223]

Eine gewisse Sympathie für germanische Kulte hatte Wienbarg schon in seinen früheren Schriften an den Tag gelegt. Zum Beispiel für die Göttin Hertha (Nerthus), deren Kult bei ihm zum Bild für den Kampf der jungen Schriftstellergeneration wurde. Mit dem ihm eigenen hochfliegenden Pathos hatte der Kieler Ästhetik-Dozent dem späteren Mitverbotenen Theodor Mundt zugerufen:

> „Unsere Vorfahren, *die alten Deutschen*, stürzten die Diener der Hertha in denselben See, in dessen Flut diese eben vorher den verschleierten geheimnisvollen Wagen, die Gewänder und das keusche Bild der Göttin abgewaschen und von Schmutz und Staub gereinigt. Diese heilige Barbarei ward auf Befehl des Priesters ausgeübt, dem allein die Berührung des Götterbildes gestattet ward. Wer ist dieser Priester unter *den jungen Deutschen*, der solche Weihe empfangen oder sich selbst arrogieren mag? Und wo ist das Götterbild unserer Zeit, das reingewaschen und gesäubert wäre von Staub und Rost und dem Atem der Gläubigen und dessen verhangenes Tabernakel nicht beschmutzt wäre mit dem gemeinsten Kot der Gassen? Ach! Lieber Theodor Mundt, wir müssen unseren Herthawagen noch viel tiefer in

---

221 ebd. S. 99.

222 Ders.: Tagebuch von Helgoland. A. a. O. S. 2.

223 ebd. S. 15.

den See schieben, bevor er wieder glänzt, und wissen dazu nicht einmal, obgleich wir uns totschlagen ließen darauf, ob unser heiliges Idol darin sitzt oder nicht und wann es dem Oberpriester der Zukunft gefallen wird, uns zur Belohnung unserer treuen Dienste rücklings in die schweigende Tiefe hinabzustürzen."[224]

Unter dem Einfluss der helgoländischen Seeluft und des eigentümlichen „Genius loci" entsteht vor Wienbargs Augen eine neue Vision, vielleicht ein wenig inspiriert vom Geist des Hambacher Festes:

„Und wäre Helgoland nicht der schönste Versammlungsort für deutsche Jünglinge. Könnte die ehemals heilige Insel nicht aufs neue der Mittelpunkt eines frommen Dienstes werden. Welch ein Altar, um der ewigen Jugend ewige Treue zu schwören – und gelegentlich die Bundbrüchigen vom Fels des Kapitols herabzustürzen."[225]

Aber Wienbarg selbst ist ganz gewiss nicht der Mann, der einen solchen Kult auf Helgoland stiften könnte. Schon allein deswegen, weil er sich auf der Insel möglichst wenig mit anderen Menschen abgeben will, wie er sich bereits bei seiner Ankunft vornimmt: „So viel ich kann, will ich auf Helgoland die Gesellschaft meiden. Mit dem Felsen und seinen Kindern will ich vertrauter werden, als einer vor mir."[226]

Der Fels und seine Kinder – das ist eine Welt, die Wienbarg dem Untergang geweiht sieht, zumindest aber bedroht, und zwar durch die von der Insel mehr und mehr Besitz ergreifende Badegesellschaft. Die splendide Modewelt der Festlandsbewohner ist Wienbarg – anders als Mundt, der sich begeistert in der Welt der Badegäste bewegte – ein Dorn im Auge. Wo immer er kann, prangert es die Künstlichkeit und den Kitsch dieser frühen „Tourismusindustrie" an. Und wie er das ursprüngliche Leben der Lotsen und Fischer immer wieder als positiven Bezugspunkt aufrichtet, so macht er aus seiner Wut über die verweichlichten, platten Festländer und ihre unechten Empfindungen keinen Hehl. Was dieser Tourismusbetrieb dem Felsen antut, schildert Wienbarg anlässlich einer nächtlichen Illumination der Klippen. Aus der urwüchsigen „kollossalen steinernen Sphinx"[227] wurde ein artiges Schauspiel für die Dämchen und Herrchen der vornehmen Salons:

„Ich fühlte nur die gestörte Einsamkeit und das leere Theatralische dieser Beleuchtung. Der Mond [...] sah [...] in das künstlich beleuchtete Felsenkoulissenwerk hinein; er störte durch

224 Ders.: Zur neuesten Literatur. In: L. W.: Ästhetische Feldzüge. A. a. O. S. 269.

225 Ders.: Tagebuch von Helgoland. A. a. O. S. 162f.

226 ebd. S. 1.

227 ebd. S. 16.

seine Helligkeit den Effekt. Mich fröstelte.[...] Meine Nachbarn entzückte die Aehnlichkeit mit der Wolfsschlucht auf dem Hamburger Theater."[228]

Bereits beim Ausbooten zeigt Wienbarg, wie widerwärtig ihm eine gewisse Art von satten-platten pfennigfuchserischen Festlandsbewohnern ist. In einer sehr gelungenen kleinen Szene lässt er einen wohlsituierten Badegast sich darüber empören, dass die armen Fischer für das Übersetzen zur Insel von ihm den festgesetzten Betrag fordern. Als der großspurige Geizkragen mitten in seiner Schimpftirade von einer Welle ordentlich durchnässt wird, kommentiert der Verfasser süffisant: „Ich finde [...] die Wellen höher als die Taxe."[229]

Nur ein einziges Mal kann er dem Badebetrieb tatsächlich etwas Positives abgewinnen. Ein Flirt mit einem hübschen Mädchen versüßt ihm die Überfahrt von Helgoland zur der Insel vorgelagerten Badedüne. Die Reisebegleitung gefällt ihm offenbar, sodass er sie als Teil seiner germanischen Idealwelt eine „schöne Enkelin von Herrmann und Thusnelda"[230] nennt und sogar das Gefühl hat, dass sich die Brandung „auf das schöne und reine Opfer zu freuen schien, das sich an diesem Morgen ihren ungestümen Umarmungen hingeben sollte."[231] Doch bereits wenige Minuten nach dem Anlanden ist dieses Hochgefühl verflogen – aufgrund einer „ästhetischen Zumutung", die Wienbarg mit ansehen muss: „Männer, die stehend und zitternd mit gebogenem Leibe die Brandung erwarten und ihr nicht schwimmend Trotz zu bieten vermögen"[232], sind dem Verfasser ein Graus:

> „Da sah ich eine nackte Sancho-Gestalt mit einem abscheulich rothen, wie von Nadeln gepeitschten Leibe. Wäre der schwimmenden Muschel der Venus jedesmal bei ihrer Annäherung an das Ufer eine solche Gestalt aus grüner Badekutsche entgegen gekrochen, niemals hätte die reizende Göttin ihre Muschel geöffnet, und sie schwämme noch immer auf der Höhe des Meeres herum. Auf solche Weise kann einem der schönste Moment verdorben werden."[233]

Wienbarg wirft der Badeanstalt vor, den denkbar schlechtesten Einfluss auf die Helgoländer auszuüben und den Charakter der Inselbevölkerung dauerhaft zu ruinieren. Das einstmals mutige, kühne und kräftige Volk von Lotsen und Fischern würde durch

---

228 ebd. S. 178f.
229 ebd. S. 6.
230 ebd. S. 32.
231 ebd. S. 34.
232 ebd. S. 36.
233 ebd.

den leichteren, ungefährlicheren, aber auch würdelosen Dienst in der Badeanstalt verweichlicht, unmännlich und unmoralisch. Aus kühnen Seefahrern, die ihr Leben aufs Spiel setzen und auf See den Stürmen trotzen, würden innerhalb weniger Generationen Krämer und Lakaienseelen.

Der neue, modische Leuchtturm? Wienbarg notiert mit Genugtuung: „‚Unsere alte Bake meinte es doch besser' sagte der alte Lotse".[234] Die neue Treppe zum Oberland, die von den Engländern angelegt wurde?

> „Eine Treppe, die man hinaufreiten kann [...], ist ganz bequem für den Herrn von Podagra und den Baron von Zipperlein, aber kräftigen Leuten ist sie nicht beingerecht, und ein elastischer Fuß ermüdet entweder in dieser Spielerei von hundertdreiundsiebenzig enggefügten Stufen, oder wird versucht immer die mittlere dieser Stufen zu überspringen. Die vorige Treppe soll nur zwei Schläge und höhere Stufen gehabt haben. Vielleicht nahm sie keinen so eleganten Schwung wie die jetzige [...]; aber ich wette darauf, die Helgoländer geben ihr den Vorzug."[235]

Zu den literarischen Glanzstücken des Buches gehört ein Porträt des Jakob Andresen Siemens, jenes Helgoländers, der wenige Jahre vor Wienbargs Ankunft die Badeanstalt ins Leben gerufen hat. Die eindrucksvolle Skizze stellt einen verschwiegenen, tatkräftigen Mann vor, eine Persönlichkeit, die eigentlich zu groß ist für die kleine, abgelegene Welt des roten Felsens, so die Einschätzung des Verfassers. Wienbarg blickt Siemens bei seiner Arbeit in der Werkstatt über die Schulter: „ein Schiffbauer, von der Sorte, wie Peter der Große sie brauchen konnte, [...] mit einem Fuß für große Spuren"[236], verschwende sich hier an Kleinigkeiten, kleine Segelschiffe und Ruderboote:

> „Wehmut ergriff mich in diesem Augenblick über das Schicksal aller Männer, die Späne hauen müssen zu kleinen Marktschiffen, während ihr Geist über den hohen Wimpeln von Dreideckern schwebt."[237]

Dass Wienbarg, der trotz seiner hochfliegenden literarischen Lebenspläne kaum mehr als Fragmente zustande brachte, sich in die Schar jener Männer mit einrechnet, darf wohl angenommen werden. Siemens, ein Mann von hoher Tatkraft, großem Pragmatismus, aber auch von schwerer Zunge und umständlichem Schreibstil, war mit sei-

---

[234] ebd. S. 30.

[235] ebd.

[236] ebd. S. 38.

[237] ebd. S. 39.

nem Einsatz für die Insel auf dem Festland nicht immer glücklich gewesen. Wienbarg schildert voller Sympathie sein Scheitern vor dem Hamburger Rat, als Siemens in Reden und mit einer kleinen Schrift für einen Erhalt des Lotsenwesens warb. Siemens gehöre zu den Menschen, die im Vorfeld ihrer Handlungen nicht viel reden, was laut Wienbarg aber gerade für ihn spreche. „Darin ist er allen Leuten ähnlich, bei welchen der Reiz der Ausführung den Reiz der Mitteilung überwiegt. Jener Reiz ist männlicher, dieser mehr weiblicher Natur."[238] Und so schritt Siemens zur Tat, als alle Einkommensquellen für die Helgoländer versiegten:

> „Als der Verfall der Nahrung auf der kleinen, übervölkerten Insel drohender wurde, ergriff Siemens das in seinen Augen äußerste Mittel [...] nämlich er stiftete die Badeanstalt, trieb und beförderte alles, was zu Tage kam, verbürgte sich, und administrierte mehrere Jahre hindurch die schnell aufblühende Anstalt mit Geschick, Sorgfalt und gänzlicher Uneigennützlichkeit. Die Aktien stiegen, das Geschäft für Helgoland war etabliert, und er retirirte sich wieder in seine Zimmerbude."[239]

Wie Wienbarg sich das alte Helgoland der kühnen Lotsen vorstellte, hat er bereits drei Jahre zuvor in seinem Erzählfragment „Die Helgolander" gezeigt. Als Sternbild „Wassermann" bildet es das vorletzte Kapitel seiner „Wanderungen durch den Thierkreis". Die kleine Skizze, Teil eines nie erschienenen Romans mit dem Titel „Johannes Küchlein", sollte, wie Wienbarg im Anschluss verrät, zeigen, wie er sich einen zeitgenössischen Roman vorstellt – gedacht als Gegenentwurf zum damals sehr populären Genre des historischen Romans. Sein Ideal:

> „Ich wollte [...] meinen Helden immer im Wasser halten, wie einen Fisch. Ich meine nicht im salzigen der Nordsee, ich verstehe im großen Fahrwasser des Lebens, das mich, dich, uns alle trägt."[240]

Wienbarg schreibt, er habe den Lebenslauf eines Freundes als Vorlage gewählt. Vielleicht ist dieser Freund mit dem im Tagebuch vorkommenden helgoländischen Studienfreund identisch, den Wienbarg mal „F." nennt und an anderer Stelle als „Franziscus" ausschreibt. Johannes Küchlein, der Titelheld des nie erschienenen Romans, taucht in der kleinen Skizze selbst erst am Schluss auf. Der angehende Theologiestudent befindet sich bereits auf dem Meer, und sein Bruder Klaus fährt ihn hinüber zum Festland, wo der junge Mann nun die Gotteswissenschaft studieren will. Die eigentli-

---

238 ebd. S. 48.

239 ebd. S. 50f.

240 Wienbarg: Wanderungen. A. a. O. S. 239.

chen Helden aber sind die Helgoländer Lotsen, die in dieser Zeit mit scharfen Augen das Meer beobachten und nach Schiffen ausspähen. Der Kapitän eines großen Schiffs weigert sich, einen Lotsen an Bord zu nehmen. Wienbarg schildert dramaturgisch sehr geschickt, wie die Gefühle der Helgoländer in diesem Moment in blanken Hass umschlagen – begründet dadurch, dass mit dem Lotsenmonopol auch ihre Lebensgrundlage vernichtet wird: „Kinder, [...] wir haben das unsrige gethan. Nun ist uns erlaubt zu beten: der Herr segne unsern Strand. Wir wollen See halten."[241]

Die Härte und Grausamkeit, mit der die Lotsen dem Schiff beim Segeln in den Untergang zusehen, die Entschlossenheit, mit der der Strandvogt Klaus Küchlein es auf eine Untiefe lockt und es trotz der frommen Sprüche und geballten Fäuste seines heiligenmäßigen Bruders stranden lässt, sind in Wienbargs Text aus der Notwendigkeit heraus folgerichtig abgeleitet: Es geht um die nackte Existenz der Inselbewohner, die zum Erwerb nichts anderes haben als ihre seemännischen Fähigkeiten und ihre Ortskenntnis. So wird Johannes in dem kleinen Boot von seinem Bruder niedergerungen, der das Schiff „Virginie" ins Verderben führt: „Die Moral des jungen Lotsen war nicht auf Sinai, sondern auf Helgoland eingehauen", kommentiert der Erzähler:

> „Seine Bundeslade war das Lotsenrecht, sein Vaterland die Insel, die Virginie ein übermächtiger Feind, der Hohn sprach, ein Angesicht's des Lootsenheers herausfordernder Goliath, den er, so davidisch klein und winzig sein Schiffchen sich dem Riesen gegenüber ausnahm, mit Gotteshülfe auf den Sand zu strecken gedachte."[242]

Wienbargs Roman ist nie fertig geworden, zumindest nie erschienen. Anders als der „Till Eulenspiegel", der zeitgleich mit dem „Johannes Küchlein" vom Verlag Hofmann & Campe angekündigt und dann doch nicht gedruckt wurde, hat der Verfasser diesen Helden auch nicht in seiner späteren Jugendzeitschrift „Armin" wieder auferstehen lassen. Wienbarg selbst, der seiner Skizze ein flammendes Plädoyer für Romanhelden aus dem „breiten Strom des Lebens" nachstellte, legt in den letzten Zeilen ein messianisch-literarisches Sendungsbewusstsein an den Tag: „Und wann wirst du deinen Vorsatz ausführen? Wenn die unsichtbare Hand, die mir die Feder leitet, Erlaubniß dazu ertheilt."[243] Das ist vollmundige Ankündigung und zögernde Rücknahme zugleich, es klingt wie die Entschuldigung eines Literaturkritikers, der im Prinzip

[241] ebd. S. 228.
[242] ebd. S. 234.
[243] ebd. S. 260.

nach eigenem Bekunden alles besser machen könnte, wären nur die Umstände – in Wienbargs Fall die politischen – günstiger.

Im Helgolandbuch ist Wienbarg nicht mehr der Verkünder eines neuen Romanstils. Zwar beschäftigt er sich noch immer mit dem Aufstellen von Literaturtheorie, doch diesmal ist es ihm um die Zuordnung der einzelnen Gattungen zu den Geschlechtern ihrer Verfasser zu tun. Er teilt die Literatur ein in männliche und weibliche Gattungen, wobei das Männliche für das Starke, Mutige, Kämpferische, das Weibliche dagegen für das Gefühl, die Liebe, aber auch das Schwächliche gilt. Als besonders männlich charakterisiert er hierbei das Drama, stellt also gerade nicht die ursprüngliche jungdeutsche „Königsdisziplin“, den Roman, auf den Thron. Im Gegenteil, der Roman gilt ihm als weiblich, und er prophezeit, dass dieses Genre schon bald völlig in Frauenhand sein werde. Eine verspätete Selbst-Rechtfertigung für den gescheiterten Roman-Autor? Timon Hommes jedenfalls hält dies durchaus für möglich.

> „Zwar wird in den ersten Kapiteln die einsame Insel mit leuchtenden Farben geschildert, so daß uns aus jeder Zeile die frische Seeluft entgegenweht, aber bald sehen wir die Kräfte des Verfassers erlahmen und ihn zu schon früher behandelten Stoffen greifen, die er manchmal fast wörtlich wiederholt.“[244]

Auch andere Literaturwissenschaftler zählen diese weitschweifigen und für ein Reisetagebuch völlig unmotivierten Theorien nicht gerade für die Stärken des Buchs. In der Tat wäre der Verzicht auf diese Seiten, die kaum eine Ähnlichkeit mit dem von frischer Seeluft durchströmten ersten Teil des Tagebuchs haben, dem Werk vermutlich förderlicher gewesen. Allerdings machte gerade das Nebeneinander von Reisebeschreibung, literarischer und politischer Betrachtung, Anekdotischem und Erotischem stets das Charakteristische der Jungdeutschen Prosa aus, und Wienbarg ist damit dem Stil der frühen 30er Jahre treu geblieben. Insofern ist gerade diese Unverbundenheit und Unpassendheit Ausdruck einer gewissen Kontinuität.

Wienbarg verließ die Insel nach einem Dreivierteljahr Exil auf dem roten Felsen. Dietze schreibt: „So überstürzt die Abreise nach der englischen Felseninsel verlaufen war, so schnell wird der Entschluß verwirklicht, sie wieder zu verlassen, kaum daß

[244] Timon Hommes: A. a. O. S. 28.

der Verfasser einen heimlichen, jedoch verläßlichen Wink aus Hamburg erhalten hat, er könne zurückkehren, die Behörden würden ihm keine Schwierigkeiten machen."[245]

Für sein Tagebuch wählte er einen Schlusssatz, der, ebenfalls völlig unverbunden, auf eine Schiffstaufe folgt: „Franziscus geht morgen früh nach Amerika"[246], heißt es, nachdem seit mehreren Kapiteln der Name Franziscus aus dem Gedächtnis des Schreibers und Lesers verschwunden zu sein schien. Franciscus, der helgoländische Freund mit dem theologischen Sendungsbewusstsein, tut damit etwas, das Wienbarg im Vorwort für sich selbst ausgeschlossen hat:

> „Ich würde mich in die Wälder von Amerika flüchten und die einsamschallende Axt meiner ausgewanderten Brüder mit dem Schlage der meinigen akkompagnieren. [...] Aber ich erschrecke vor dem Gedanken geistiger Verblutung. Ich bin zu innig verwachsen mit dem Herzen meines Volkes, um nach dem ewigen Risse der Trennung mehr als ein trauriger Schatten zu sein. Ein Volkslied, das um die Ecke verhallt; ein Ade, das auf den Wassern stirbt."[247]

Franciscus jedoch macht sich auf in die neue Welt. Ein Weg, der Ludolf Wienbarg und Johannes Küchlein verwehrt war.

III. Revolutionstaumel und Kuchenduft

Eine gewisse geistige Ermattung spricht aus den ersten Zeilen von Heinrich Heines Helgolandbriefen, die mit dem Datum „Helgoland den 1ten Julius 1830" einsetzen. Mit ermüdeter Resignation ergreift ein „revolutionärer" Schriftsteller die Feder und schreibt:

> „Ich selber bin dieses Guerilla-Krieges müde und sehne mich nach Ruhe, wenigstens nach einem Zustand, wo ich mich meinen natürlichen Neigungen, meiner träumerischen Art und Weise, meinem phantastischen Sinnen und Grübeln, ganz fessellos hingeben kann."[248]

---

245 Walter Dietze: Vorwort zu: Ludolf Wienbarg: Ästhetische Feldzüge. Berlin (O) und Weimar, 1964. S. XXXIX.

246 Ludolf Wienbarg: Tagebuch von Helgoland. A. a. O., S. 194.

247 ebd. S. VIII.

248 Heinrich Heine: Ludwig Börne. Eine Denkschrift. In: H.H.: Historisch-kritische Gesamtausgabe der Werke. Band 11. Hrsg. v. Manfred Windfuhr. Bearbeitet von Helmut Koopmann. Hamburg, 1978. S. 35.

Fast wörtlich aus Wienbargs Helgoland-Tagebuch übernommen scheint Heines Sorge:

> „Wenn ich nur wüßte, wo ich jetzt mein Haupt niederlegen kann. In Deutschland ist es unmöglich. Jeden Augenblick würde ein Polizeydiener herankommen und mich rütteln, um zu erproben, ob ich wirklich schlafe [...]."[249]

Und auch eine Auswanderung nach Amerika wird erwogen und verworfen, wenn auch aus anderen Gründen als bei Wienbarg. Die Ähnlichkeit mag einer gleichen Grundstimmung, verursacht durch die den beiden Schriftstellern gemeinsame Exil-Erfahrung, entsprungen sein. Doch dürfte Heine, dessen Helgoland-Schilderung erst zwei Jahre nach Wienbargs „Tagebuch von Helgoland" erschienen ist, die Schrift des Jüngeren auch mit viel Interesse studiert haben. Schon Wienbargs Paganini-Buch war Inspirationsquelle für Heines Porträt des „Teufelsgeigers" in den „Florentinischen Nächten", und aus Wienbargs Holland-Reisebeschreibung ging vieles in den „Schnabelewopski" ein. So wird Heine auch das Helgolandbuch des Kollegen mit im Hinterkopf gehabt haben, als er seine Insel-Erfahrung zu Papier brachte, und möglicherweise ist auch die Wahl des Insel-Schauplatzes für das zweite Buch der Börne-Denkschrift dem Eindruck von Wienbargs Buch geschuldet. Von Wienbarg inspiriert – doch nur, um es dann doch gänzlich anders zu machen als der „Genius des Eilands".

Schon die Assoziationen, die das „freie" Amerika als wichtigstes Ziel deutscher Auswanderer beim Autor wecken, sind völlig andere. Für Wienbarg ist es ein freies Land, dem der brave Holzfäller mit der Axt in ehrlicher, schwerer Arbeit seinen neuen Lebensraum abringt. Wie anders der zürnende Heine:

> „Oder soll ich nach Amerika, nach diesem ungeheuren Freyheitsgefängniß, wo die unsichtbaren Ketten mich noch schmerzlicher drücken würden als zu Hause die sichtbaren, und wo der widerwärtigste aller Tyrannen, der Pöbel, seine rohe Herrschaft ausübt! Du weißt wie ich über dieses gottverfluchte Land denke, das ich einst liebte, als ich es nicht kannte ... Und doch muß ich es öffentlich loben und preisen, aus Metièrpflicht ... Ihr lieben deutschen Bauern! geht nach Amerika! dort giebt es weder Fürsten noch Adel, alle Menschen sind dort gleich, gleiche Flegel ... mit Ausnahme freylich einiger Millionen, die eine schwarze oder braune Haut haben und wie Hunde behandelt werden!"[250]

---

[249] ebd.

[250] ebd. S. 37.

Keine Ironie, kein Spott, keine verspielten Metaphern und witzigen Bonmots, kein parodistisches Pathos sprechen aus diesen Zeilen, nur der reine Zorn über eine Gesellschaft, die trotz der offiziellen Abschaffung der Sklaverei die schwarzen Staatsbürger noch immer unterdrückt. Heines erster Brief endet daher mit dem Ausruf: „O Freyheit, du bist ein böser Traum!“[251]

Sehr anders klingt er, wenn er auf die Engländer, die Hausherren auf der Insel, zu sprechen kommt. „Nur da, wo Englands stolze Flagge weht“, hatte Wienbarg geschrieben, „kann ich beruhigt mein Haupt niederlegen.“ Heine dagegen, der England im Jahre 1827 besucht hatte, spricht von „dem verteufelten England, wo ich nicht *in effigie* hängen, wie viel weniger in Person leben möchte!“[252] Und doch, anders als bei den Amerikanern, für die er vor lauter loderndem Zorn keinen Humor mehr aufbringen konnte, ist dieser Nation mit fast liebevollem Spott gedacht. Geradezu putzig, wie aus einem Märchen von Hans Christian Andersen entsprungen, mutet die Schilderung des britischen Gouverneurs der Insel an:

> „Als ich dem hiesigen Gouverneur präsentiert wurde, und dieser Stockengländer mehre Minuten ohne ein Wort zu sprechen unbeweglich vor mir stand, kam es mir unwillkürlich in den Sinn ihn einmal von hinten zu betrachten, um nachzusehen, ob man etwa dort vergessen habe die Maschinen aufzuziehen.“[253]

Heines Helgoland-Abenteuer beginnt demnach unter ähnlichen, und doch ganz anderen Vorzeichen als das Wienbargs. Heines Helgoland-Abenteuer? Die Bezeichnung ist allerdings in doppelter Hinsicht fragwürdig. Zum einen haben diese erst zehn Jahre nach Heines Reisen auf die Insel erschienenen „Briefe“ kaum etwas gemein mit seinem tatsächlichen Aufenthalt auf dem roten Felsen. Zum anderen: In keinem der drei hier besprochenen Texte ist so wenig von Helgoland die Rede wie in diesen Heineschen „Erinnerungen“.

Zwischen Heines beiden Helgolandreisen und dem Erscheinen der Briefe, die als zweites Buch in die fünfteilige „Denkschrift“ auf Ludwig Börne einmontiert sind, liegen zehn beziehungsweise elf Jahre. Eigentlich sind sie ein Fremdkörper im Börne-Buch. Denn der Name des Verfassers der „Briefe aus Paris“ fällt auf diesen Seiten überhaupt nicht. Was hat ein verspätetes Reisebild in einem literarischen Nachruf zu

[251] ebd. S. 38.
[252] ebd. S. 36.
[253] ebd.

suchen, mit dem Heine den toten Rivalen endgültig vom Olymp zu stürzen sucht? Der Freund Heinrich Laube hatte Heine im Vorfeld mehr als einmal gewarnt vor der postumen Schlammschlacht. Sich an dem als untadeliger Charakter verehrten Toten zu vergreifen, müsse zwangsläufig Heines Ruf schaden. Allenfalls könne Heine Sieger bleiben, wenn es ihm gelinge, im Zentrum des Börne-Buchs „einen Berg" aufzurichten, ein literarisches und moralisches Schwergewicht, dem das Publikum seine Bewunderung nicht versagen könne und das das ganze Werk überstrahlen müsse. „Ich arbeite an meinem Berg", ließ Heine Laube in einem Brief verheißungsvoll wissen. Der Berg, den er meinte, war offenbar der rote Felsen.

Resignation, Müdigkeit, eine gewisse Wehmut – und dann plötzlich die Nachricht von der Französischen Julirevolution, ein überschäumender Freiheitstaumel und die Begeisterung für einen neuen Kampf um Freiheit, Gleichheit, Brüderlichkeit: So schildert Heine seine Seelenverfassung in jenen Tagen, die für viele Angehörige seiner Generation ein einschneidendes, prägendes Erlebnis waren. Und genau das sei auch die Funktion, die diese Schilderungen zwischen dem ersten und dritten Teil des Börne-Buches haben sollen, begründet Heine die Aufnahme der „Briefe":

> „Zwischen meinem ersten und meinem zweiten Begegniß mit Ludwig Börne liegt jene Juliusrevoluzion, welche unsere Zeit gleichsam in zwei Hälften auseinander sprengte. Die vorstehenden Briefe mögen Kunde geben von der Stimmung, in welcher mich die große Begebenheit antraf, und in gegenwärtiger Denkschrift sollen sie als vermittelnde Brücke dienen [...]. Der Übergang wäre sonst zu schroff."[254]

Ermüdet und jenseits aller Revolutionsgedanken langt der Briefschreiber auf der Insel an und hat als Lesestoff alles andere als den klassischen Bücherschatz eines Freiheitskämpfers bei sich: Die Bibel bildet seine Hauptlektüre, vornehmlich die Geschichten der Genesis ergreifen Heine, der mit Ludwig Börne die jüdische Herkunft gemeinsam hat.

Doch plötzlich, wie aus heiterem Himmel, bricht die Nachricht in die träumerisch-melancholische Erinnerung an die alte orientalische Patriarchen-Ehrwürdigkeit herein. Ein Zeitungspaket vom Festland trifft ein, erfüllt von „jenen wilden, in Druckpapier gewickelten Sonnenstrahlen"[255]. Doch nicht ganz aus heiterem Himmel, wie sich herausstellt. Ein Fischer hatte kurz zuvor, wie Heine mit Datum vom 28. Juli notiert,

---

[254] ebd. S. 56.

[255] ebd. S. 50.

berichtet, die See habe nach frisch gebackenem Kuchen geduftet. Liebenswert und märchenhaft, ebenso andersen-verwandt wie das Bild vom aufgezogenen Gouverneur, erklärt sich Heine den Kuchenduft nun mit einem Tanztee, den die Wasserfrauen, „die von jeher allem Heldenthum hold“[256] seien, anlässlich der Pariser Revolution gegeben hätten. Ein wahres Feuer der Begeisterung entfacht das mit glühenden Sonnenstrahlen gefüllte Zeitungspaket. Heine stimmt einen wahren Dithyrambus auf die Revolution an:

> „Lafayette, die dreyfarbige Fahne, die Marseillaise ...
>
> Fort ist meine Sehnsucht nach Ruhe. Ich weiß jetzt wieder was ich will, was ich soll, was ich muß ... Ich bin der Sohn der Revoluzion und greife wieder zu den gefeyten Waffen, worüber meine Mutter ihren Zaubersegen ausgesprochen ... Blumen! Blumen! Ich will mein Haupt bekränzen zum Todeskampf. Und auch die Leyer, reicht mir die Leyer, damit ich ein Schlachtlied singe ... Worte gleich flammenden Sternen, die aus der Höhe herabschießen und die Paläste verbrennen und die Hütten erleuchten ... Worte gleich blanken Wurfspeeren, die bis in den siebenten Himmel hinaufschwirren und die frommen Heuchler treffen, die sich dort eingeschlichen ins Allerheiligste ... Ich bin ganz Freude und Gesang, ganz Schwert und Flamme!“[257]

Berühmt, ja beinahe sprichwörtlich geworden, ist der Kommentar eines einfachen Fischers. Heine überliefert die schlichten, ergreifenden Worte des Helgoländers, der ihn zur Badedüne hinüberfuhr: „Die armen Leute haben gesiegt!“[258]

Ein Sohn der Revolution, der zu den „gefeyten Waffen“ greift, ein Meer, das nach Kuchen duftet, ein Fischer, der sich über den Sieg der armen Leute freut – erstaunlich, wie zehn Jahre Abstand die Erinnerung oder zumindest die Schilderung des Insellebens verändern. Denn als Heine im Jahr 1830 zur Zeit der Julirevolution auf Helgoland weilte, schien er die französischen Ereignisse gar nicht recht wahrgenommen zu haben. Nur ein einziges Mal tauchen sie in seinen Briefen von der Insel überhaupt auf, und zwar schreibt er seiner Schwester, Charlotte Embden, am 10. August 1830: „In Ems muß es lebhaft gewesen seyn, und Du bist der französischen Revoluzion so zu sagen auf halbem Wege entgegengereist.“ [259]

---

[256] ebd. S. 48.

[257] ebd. S. 50.

[258] ebd. S. 51.

[259] Heinrich Heine: Säkularausgabe. Werke. Briefwechsel. Lebenszeugnisse. Bd. XX.Briefe 1815-1831. Bearbeitet von Fritz H. Eisner. Berlin (O), 1970. S. 416.

Der Schriftsteller hatte auch ganz andere Dinge zu tun, musste er doch auf der Insel seinen Angriff auf den Grafen Platen vorbereiten, der ihn wegen seiner jüdischen Herkunft verspottet hatte und den er nun als Homosexuellen literarisch „hinrichten" wollte. Auch mit dem Jungdeutschen Ludolf Wienbarg wechselt Heine von Helgoland aus Briefe: „Sie wollen ein Journal herausgeben, welche Verwegenheit", schreibt er nach Hamburg,

> „ich schicke Ihnen meinen Dolch, um sich gegen Ueberfälle des Gesindels zu vertheidigen. Daß ich Muth habe, weiß ganz Helgoland, das mich in einer offenen Jolle im Sturm herankommen sah. Aber in Hamburg oder anderswo in Deutschland ein Journal herauszugeben, das übersteigt meine Courage."[260]

Bereits im Jahr 1832 hatte Heine seinen ersten Versuch unternommen, die Insel zu erreichen. Doch ein gewaltiger Sturm zwang das Schiff, kurz vor Helgoland wieder umzudrehen und nach Cuxhaven zurückzukehren. Für Heine, der ohnehin einen empfindlichen Magen besaß, eine furchtbare Erfahrung: Die Seekrankheit packte ihn und verleidete ihm die Insel derart, dass er erst sechs Jahre später einen neuen Versuch mit dem roten Felsen wagte. In einem Brief an Moses Moser vom 23. August 1823 hat er seine misslungene Überfahrt geschildert:

> „Es soll einer der wildesten Stürme gewesen seyn, die See war eine bewegliche Berggegend, die Wasserberge zerschellten gegeneinander, die Wellen schlagen über das Schiff zusammen und schleudern es herauf und herab, Musik der Kotzenden in der Kajüte, Schreyen der Matrosen, dumpfes Heulen der Winde, Brausen, Summen, Pfeifen, Mordspektakel, der Regen gießt herab, als wenn die Himmlischen Heerscharen ihre Nachttöpfe ausgössen – und Ich lag auf dem Verdecke, und hatte nichts weniger als fromme Gedanken in der Seele."[261]

Heine gelangt statt nach Helgoland auf die Insel Norderney. Die Frucht dieser ersten Begegnung mit dem Meer sind die Gedichte, die später als „Die Nordsee", erste und zweite Abteilung, Eingang ins „Buch der Lieder" fanden. Heine gilt als derjenige, der die Nordsee überhaupt erst für die deutsche Literatur entdeckt hat, und er hielt sich einiges darauf zugute, sich als „Hofpoet der Nordsee" bezeichnen zu können. Lieder mit reimlosen Rhythmen feierten die Wildheit des Elements. Er schildert Stürme, das Gefühl des Ausgeliefertseins, seine Seekrankheit. Doch es gibt auch die Momente er-

---

[260] ebd.

[261] ebd. S. 108.

habener Meeresruhe und tiefer Ergriffenheit, wie in „Frieden“ oder die bittere Ironie des Sinnsuchers ohne Antwort aus dem Gedicht „Fragen“:

> „Es murmeln die Wogen ihr ew'ges Gemurmel,
> Es wehet der Wind, es fliehen die Wolken,
> Es blinken die Sterne, gleichgültig und kalt,
> Und ein Narr wartet auf Antwort.“[262]

Eine sehr eigenwillige Rolle spielen die Götter der griechischen und römischen Mythologie in Heines Nordsee-Schilderungen. Was haben Poseidon und die Nereiden an der Nordsee verloren? Was Xenophons erlösender Jubelschrei „Thallatta, Thallatta!“ am Strand von Norderney? Entsprechend deplatziert wirken die einstmals strahlenden Olympier vor der tristen, regnerischen Kulisse Norddeutschlands. Poseidon in seiner dicken, warmen Flanelljacke, Helden mit tropfender Nase, Jünglinge, die statt Heldengeschlechter zu zeugen, das junge Mädchen um einen heißen Tee gegen die drohende Erkältung bitten.

Auch im Helgoland-Buch spielt die Götterwelt der Antike eine tragende, traurig-herabgekommene Rolle. Die Sage vom Tod Pans, wie sie Plutarch berichtete, ist eines der Leitmotive und verbindet sich mit Heines Nachruf auf die alte Welt der französischen beziehungsweise aller europäischen Herrscherhäuser. Die Ahnung vom Herabsinken der alten Welt zieht kurz vor der Ankunft des elektrisierenden Zeitungspakets herauf:

> „Es geschieht jetzt etwas außerordentliches in der Welt ... Die See riecht nach Kuchen, und die Wolkenmönche sahen vorige Nacht so traurig aus, so betrübt ...
>
> Ich wandelte einsam am Strand in der Abenddämmerung. Ringsum herrschte feyerliche Stille. Der hochgewölbte Himmel glich der Kuppel einer gothischen Kirche. Wie unzählige Lampen hingen darin die Sterne; aber sie brannten düster und zitternd. Wie eine Wasserorgel rauschten die Meereswellen; stürmische Choräle, schmerzlich, verzweiflungsvoll, jedoch mitunter auch triumphierend. Ueber mir ein luftiger Zug von weißen Wolkenbildern, die wie Mönche aussahen, alle gebeugten Hauptes und kummervollen Blickes dahinziehend, eine traurige Prozession ... Es sah fast aus als ob sie einer Leiche folgten ... Wer wird begraben? Wer ist gestorben? sprach ich zu mir selber. Ist der große Pan tot?“[263]

---

262 Heinrich Heine: Buch der Lieder. In: H.H.: Historisch-kritische Gesamtausgabe der Werke. Band 1/1. Hrsg. v. Manfred Windfuhr. Bearbeitet von Pierre Grappin. Hamburg, 1975. S. 418/419.

263 Ders.: Ludwig Börne. A. a. O. S. 47.

Pan ist tot, die alte Feudalwelt versunken, und Heine und Börne gehen nach Paris, wo Revolution gemacht und Freiheit gefeiert wird. „Deutschland könnte frey sein“[264] – mit dieser Hoffnung schließt Heine seine Helgoland-Aufzeichnungen. Und die auf neun Jahre später datierte Nachschrift, die desillusioniert von den immer noch arm gebliebenen unteren Volksklassen berichtet, schließt mit der Hoffnung auf eine neue Revolution:

> „Aber seyd überzeugt, wenn wieder die Sturmglocke geläutet wird und das Volk zur Flinte greift, diesmal kämpft es für sich selber und verlangt den wohlverdienten Lohn.“[265]

Was folgt auf den großen Pan und die alten Griechengötter, auf Absolutistenherrlichkeit und die Machthaber des alten Stils? Heine, der den Abgesang auf die großen Götter angestimmt und in „Deutschland, ein Wintermärchen“ ein „neues Lied, ein besseres Lied“, besser als das alte Miserere, angekündigt hatte, stilisierte sich oft selbst als Propheten und Priester einer neuen Zeit, als Bewahrer der „Tempelkleinodien des neuen Gotts, des großen Unbekannten“. Auch im Börnebuch, unmittelbar vor den Helgolandbriefen, macht Heine deutlich, welche Mission er die seine nennt. In einer gewaltigen Sturmszene schildert er eine Begegnung mit Börne auf dem Meer:

> „Er stand am Steuer seines Schiffes, und trotzte dem Ungestüm der Wellen, die ihn manchmal zu verschlingen drohten, manchmal ihn nur kleinlich bespritzten und durchnäßten, was einen so kummervollen und zugleich komischen Anblick gewährte, daß man darüber weinen und lachen konnte. Armer Mann! Sein Schiff war ohne Anker und sein Herz ohne Hoffnung ... Ich sah, wie der Mast brach, wie die Winde das Tauwerk zerrissen ... Ich sah, wie er die Hand nach mir ausstreckte ...
>
> Ich durfte sie nicht erfassen, ich durfte die kostbare Ladung, die heiligen Schätze, die mir vertraut, nicht dem sicheren Verderben preisgeben ... Ich trug an Bord meines Schiffes die Götter der Zukunft.“[266]

---

264 ebd. S. 55.

265 ebd. S. 56.

266 ebd. S. 33f.

Geschichtsschreibung für die Gegenwart

Theodor Mundt und Ludolf Wienbarg

Theodor Mundt und Ludolf Wienbarg gelten als die „Theoretiker“ einer literarischen Bewegung, die heute weniger durch ihre Texte als vielmehr durch ihre staatliche Unterdrückung bekannt ist: Am 10. Dezember 1835 erging das Verbot des deutschen Bundestages gegen die Autoren des „Jungen Deutschland“, verboten wurden Karl Gutzkow, Heinrich Laube, Theodor Mundt und Ludolf Wienbarg. Das Verbot erstreckte sich auf das gesamte Bundesgebiet, auf die bisher erschienenen Texte der Genannten und darüber hinaus auch – für einen Berufsschriftsteller das absolute Aus – auf alle künftigen Werke. Gutzkow, Verfasser des „skandalösen“ Romans „Wally, die Zweiflerin“, hat eine einmonatige Gefängnisstrafe zu verbüßen. Laube widerruft sofort, Wienbarg nie. Mundt, durch sein Lavieren zwischen beiden Positionen, macht keine rühmliche Figur. Die Wege trennen sich. Karl Gutzkow und Heinrich Laube werden später als Dramatiker in die Literaturgeschichten eingehen. Auf der Strecke bleiben die beiden Theoretiker des Jungen Deutschland: Wienbarg, der mit seinen Kieler Ästhetik-Vorlesungen gewissermaßen die Gründungsakte dieser Bewegung verfasst hatte, und Mundt, nach 1835 ebenfalls Verfasser einer „Ästhetik“, Verfasser einer Stilistik, zweier Literaturgeschichten und 1848 einer zweibändigen „Dramaturgie“.

Die Nachrichten über das Junge Deutschland nach dem Verbotsbeschluss sind insgesamt dünn gesät und zumeist auf die Aussage beschränkt, die ehemaligen Avantgarde-Autoren seien gemäßigt geworden und jüngere, radikalere Schriftsteller hätten sie „überholt“. Hierbei sind Gutzkow und Laube noch am ausführlichsten dokumentiert. Wienbarg und Mundt aber verschwinden fast vollständig aus dem Blickfeld der Literaturgeschichten. Im Folgenden soll versucht werden, die Spuren der beiden letzteren aufzufinden und ihre Wahrnehmung einer Revolution nachzuzeichnen, deren Vorboten ihre Jungendschriften gewesen waren.

Theodor Mundt und Ludolf Wienbarg standen im Jahre 1835 auf dem Höhepunkt ihres Schaffens, ihre Hauptwerke lagen vor, das Verbot traf hart und endgültig. Der Ästhetikdozent aus Kiel und der Berliner Literaturhistoriker, Wienbarg unbeugsam bis zum Zerbrechen, Mundt stromlinienförmig bis zur Selbstauflösung, zwei grundverschiedenere Menschen sind kaum jemals zu einer literarischen Bewegung zusammengefasst worden. Und doch berühren sich beider Lebensläufe und Ideenkreise immer wieder. Von beiden liegt eine Reisebeschreibung der Insel Helgoland vor, wohin sich Mundt im September 1835 zurückzog und wo Wienbarg von Frühjahr bis Herbst

1836 lebte; beide heirateten im Jahre 1839 und waren bald Familienväter, Mundt hatte zwei Töchter, Wienbarg drei Söhne, die allesamt ernährt werden mussten. Beide schreiben in dieser Zeit vorwiegend Kritiken und literaturgeschichtliche Abhandlungen. Und während Heinrich Laube als Abgeordneter in die Frankfurter Paulskirche einzieht, erleben beide die 48er Revolution zu Hause, in Berlin und Schleswig-Holstein, und beide, Mundt wie Wienbarg, bemühen sich erneut um die Schaffung von Textgrundlagen für eine revolutionäre Bewegung, die mit der Frankfurter Nationalversammlung zwar Berührungspunkte hat, von dort aber nur wenig erwartet (Mundt) oder wenig Hilfe erhält (Wienbarg).

Mundts Freund Gustav Kühne, der in Frankfurt den Sitzungen des Vorparlaments beiwohnte, notiert in seinem „Tagebuch in bewegter Zeit“: „Mundt forderte mich auf, nach Berlin zu gehen um mich dort als Preuße an dem gährenden Brodel des neuen Werdens zu betheiligen.“[267] Für Mundt, den Preußen, eine Selbstverständlichkeit, für den Gesamtdeutschen Kühne eine Zumutung. Wienbarg und Mundt haben von Helgoland kein Deutschlandlied mitgebracht. „Die Einheit Deutschlands“, so der Titel einer Schrift Mundts nach dem Hambacher Fest, wird zwar immer wieder postuliert, doch sind beide eher auf das kulturelle und sprachliche Deutschland eingeschworen, weniger auf das staatliche, und pflegen bei allem Pathos für die Nation einen sehr starken Lokalpatriotismus.

*

> „Gott sei gelobt, wir leben Alle noch, um nach diesen Tagen der Schrecknisse die Früchte blutiger Saaten zu ernten. Aber es war eine entsetzliche Zeit. Wie viele verstümmelte Leichen, wie viele klaffende Wunden, wie viel Blut und Entsetzen hat man gesehen! – Mein Bruder kämpfte auf den Barrikaden, Mundt leitete und half am Barrikadenbau, ich trug Steine auf den Boden. Dazu donnerten die Kanonen, pfiffen die Kartätschenkugeln, rannte das Volk durch die Straßen und schrie nach Waffen, Waffen! Unfern von uns loderten entsetzliche Feuer auf, die zu löschen Niemand einfiel: „Es sind nur königliche Gebäude“, sagte man. Wir haben ein entsetzliches Stück Geschichte erlebt [...].“[268]

So schildert Mundts Frau, die Schriftstellerin Luise Mühlbach, in einem Brief vom 24. März einer Verwandten Henriette Kühnes die Berliner Unruhen, die am 18. und 19. des Monats ihren Höhepunkt erreichten. Schon für den 18. März notiert Varnhagen in seinem Tagebuch Mundts „üble Vermuthungen, der Sturm würde heute hefti-

[267] Gustav Kühne: Mein Tagebuch in bewegter Zeit. Leipzig, 1863. S.173.

ger losbrechen als gestern."[269] Der Sturm brach heftig genug los, um selbst einen friedlichen Stubengelehrten und seine Familie auf die Barrikaden zu treiben.

Die Revolution trifft Mundt überraschend, aber nicht unvorbereitet. 1847/48 ist er beschäftigt mit historischen Studien zu den demokratischen Verfassungen der Neuzeit, die im Revolutionsjahr unter dem Titel „Staatsberedsamkeit der neueren Völker" erscheinen. Es handelt sich hierbei weniger, wie der Titel impliziert, um eine Abhandlung über Rhetorik, als vielmehr um eine *Parla*mentsgeschichte, in der Mundt die historischen Beispiele europäischer Demokratien vorstellt. In der Diskussion um eine künftige deutsche Verfassung stellt Mundt die italienischen Renaissance-Staaten dar (mit besonderem Schwerpunkt auf Machiavelli), schildert die englische Verfassungsgeschichte und die Redner der französischen Nationalversammlung und stellt der gegenwärtigen Verfassungsdebatte die geschichtlichen Modelle und Präzedenzfälle als Material zur Verfügung. Allerdings weist Hubertus Fischer einschränkend darauf hin, dass „für die konkrete Ausgestaltung einer deutschen oder preußischen Verfassung [...] dieser Darstellung kaum etwas zu entnehmen"[270] war. Vor allem sei Mundts Buch ja bereits vor Revolutionsbeginn abgeschlossen gewesen. Mundt habe also nur durch eine „teleologische Deutung post festum"[271] hinzugefügt und so versucht, den Anschein zu erwecken, „als habe sich eine Parlamentarisierung Deutschlands jene Geschichte erfüllt, die Mundt in groben Zügen nachgezeichnet hatte."[272] Über die Entstehung des Beredsamkeits-Buches gibt das auf „Berlin, im Mai 1848" datierte Vorwort die Auskunft:

> „Dies Buch wurde in den meisten seiner Hauptpartien schon vor den großen Völkerkämpfen und Staatsumwälzungen vollendet, welche das Jahr 1848 zu diesem principiellen Scheidepunct der neuen politischen und socialen Welt gemacht haben. Meine Arbeit erhielt mitten im Druck durch diese für alle Gesichtspuncte entscheidenden Ereignisse eine Unterbrechung, und obwohl der ganze Zweck und Sinn meiner Darstellung durch die Errungen-

---

268 abgedruckt in: Edgar Pierson: Gustav Kühne, sein Lebensbild und Briefwechsel mit Zeitgenossen. Dresden und Leipzig, 1889. S. 221f.

269 Zit. n.: Karl August Varnhagen von Ense: Journal einer Revolution. Tagesblätter 1848/49. Nördlingen, 1986. In der von Ludmilla Assing herausgegebenen Ausgabe der Tagebücher Varnhagens (1861ff) ist der Name Mundt durch * ersetzt.

270 Hubertus Fischer: Theodor Mundt 1848. In: Jahrbuch für die Geschichte Mittel- und Ostdeutschlands. Zeitschrift für vergleichende und preußische Landesgeschichte. Hrsg. v. Klaus Neitmann und Wolfgang Neugebauer. Bd. 47, 2001. S. 178.

271 ebd. S. 177.

272 ebd.

> schaften des Tages erst ihre wahre Bestätigung und Geltung erlangen konnten, so war es doch schwer, unter dem beherrschenden Eindruck des Moments einen genügenden Abschluß zu finden.[273]

Mundts Buch wird somit unvollendet veröffentlicht, gejagt von „den Druck beständig überholenden Tagesereignisse[n]“[274] und mit der Bitte an den Leser, einzelne Fakten und aktuelle Neuerungen selbstständig zu erarbeiten. In seiner Parlamentsgeschichte findet Mundt die Grundlage für sein Verhalten während der 48er Revolution. Während der „Tagesereignisse“ sucht Mundt festen Boden und findet ihn in der Geschichte, aus der er sich die Grundlagen für das zu bauende Staatsgebäude ans Licht fördert. Aus dem Literarhistoriker wird ein Historiker, sein Projekt: die Erschaffung von Zukunft aus der Vergangenheit.

*

Im Revolutionsjahr 1848 weiß Ludolf Wienbarg schon lange, wo er hingehört. Als „beste Feder der Herzogthümer“, wie ihn Uffo Horn bezeichnet hatte, hatte er bereits zwei Jahre zuvor in den Auseinandersetzungen zwischen Dänemark und den Herzogtümern Schleswig und Holstein Position bezogen. „Der dänische Fehdehandschuh, aufgenommen von Ludolf Wienbarg“ nennt er selbstbewusst seine Antwort auf den „Offenen Brief“ Christians VIII. von Dänemark (8. Juli 1846), in dem dieser die weibliche Erbfolge für die Herzogtümer und somit die Personalunion mit Dänemark und die dauerhafte Bindung an sein eigenes Haus festschreiben wollte.

Wienbargs Antwort ist ein Geschichtswerk. Ausgehend von dem 1460 geschlossenen Vertrag von Ripen und der für die schleswig-holsteinische Erhebung zum Kernzitat gewordenen Festlegung der Zusammengehörigkeit beider Herzogtümer „dat se bliven ewich tosamende ungedeelt“, weist Wienbarg nach, wie sich Dänemark im Laufe der Jahrhunderte nach und nach die Herzogtümer angeeignet, Schritt für Schritt verbriefte Privilegien abgeschafft und widerrechtlich beide Länder immer fester an das dänische Königshaus gebunden habe. Aus der freien Wahl des Landesherrn wurde so zuerst eine Personalunion mit Dänemark, die sowohl eine Bestätigung des Fürsten durch das Volk als auch eine Bestätigung der Privilegien der Herzogtümer durch den Fürsten verlangte, später dann eine erbliche Herrschaft ohne Bestätigung der Privilegien und untrennbare Vereinigung mit Dänemark. Wienbarg protestiert aufs Schärfste gegen

---

[273] Theodor Mundt: Staatsberedsamkeit der neueren Völker. Leipzig, 1848. S. IIIf.

[274] ebd. S. Vf.

den neuerlichen Übergriff des dänischen Königs, weist die eiderdänischen Bestrebungen aus Kopenhagen in die Schranken und stellt fest, dass Schleswig und Holstein nicht zu Dänemark gehören, sondern zunächst einmal zueinander und danach zu Deutschland.

Aus derselben Zeit stammt Wienbargs kleine Schrift über „Die Volksversammlung zu Nortorf am 14ten September 1846“ (der ursprüngliche Ort für die später in Neumünster erfolgte Versammlung). Über die gescheiterte Volksversammlung enttäuscht, wütend auf deren Leiter, bringt Wienbarg in diesem schmalen Heftchen seinen ganzen Zorn zu Papier, gibt den Schleswig-Holsteiner Bürgern aber als Trost und Hoffnung zuletzt mit auf den Weg, dass

> „Volksversammlungen wie die Unsrige, solcher Art, solchen Geistes wie die Unsrige, trotz ihrer schlechten Leitung oder vielmehr trotz des Mangels an aller Leitung, an sich selber die *Bürgschaft* einer *guten*, einer *siegreichen* Sache in sich tragen.“[275]

Als sich demnach am 24. März 1848 in Kiel die provisorische Regierung der Herzogtümer bildet und die schleswig-holsteinische Armee gründet, hat Wienbarg für sich selbst und für die Revolution die historischen Grundlagen erarbeitet und kennt seinen Standpunkt. Mit Beginn der Erhebung gegen Dänemark ist er als Freiwilliger dabei, zunächst als Stabsadjutant, später als einfacher Jäger, und immer wieder als Verfasser von Berichten aus dem Kriegsgeschehen und Argumentationsschriften für die schleswig-holsteinische Sache.

*

In Berlin musste der König den Märztoten die letzte Ehre erweisen. Während man in Frankreich den Kopf des Königs forderte, verlangte man in Berlin nur seine Mütze, wie Gustav Kühne spottete. Mundt verfasst derweil eine Schrift über Grundrechte und Staatsformen. Für den Autor eines Müntzer-Romans und Herausgeber einer Sammlung „Martin Luthers politische Schriften“ ist die richtige Form für diese Broschüre rasch gefunden: Als politisches Frage- und Antwortspiel erscheint im Jahr 1848 Mundts „Katechismus der Politik“, eine populärwissenschaftliche „Darstellung und Erörterung der wichtigsten politischen Fragen und Staats-Verfassungen“. Die Form ist Programm, Mundts Bestreben ging schon in seinen Literaturgeschichten dahin, für jeden verständlich zu schreiben. In seiner pädagogischen, aufklärerischen

---

275 Ludolf Wienbarg: Die Volksversammlung zu Nortorf am 14ten September 1846. Hamburg, 1846. S. 27

Zielsetzung trifft er sich mit Wienbarg und hebt sich deutlich von Gutzkow ab, der lieber für ein Publikum gehobenerer Bildung schreiben wollte.

Ähnlich der in der Paulskirche vom Parlament als erstes in Angriff genommenen Grundrechtsdebatte, definiert Mundt im ersten Teil zunächst die Rechte und Pflichten der Bürger untereinander und gegenüber dem Staat und versucht hierbei auch, Ursprünge und Wesen des Staates zu ergründen. Vor den Augen des Lesers lässt Mundt Stück für Stück auf dem Papier ein Staatswesen entstehen, von der ursprünglichen gesellschaftlichen Natur des Menschen im Sinne der aristotelischen Definition über die Staatsbildung bis hin zur notwendigen Vereinigungs- und Versammlungsfreiheit sowie der Pressefreiheit innerhalb des gefestigten, ausgebildeten Staates der Zukunft. Mundt geht aus von einer „natürliche[n] Freiheit" des Menschen, die aber „keinen Werth [hat], wenn sie nicht zugleich eine *sittliche* und eine *politische* Freiheit wird, welche beide nur in und mit der Gesellschaft bestehen können!"[276]

Mundt postuliert einen ursprünglichen Freiheitszustand der Menschen, die sich in freien Genossenschaften zusammenschlossen; einen monarchischen Urzustand schließt er aus, da zur Erlangung von Alleinherrschaft grundsätzlich bereits vorhandene gesellschaftliche Strukturen angenommen werden müssten. Demzufolge sei auch die Monarchie widernatürlich, sie basiere auf Gewalt und sei eine krankhafte Entartung des ursprünglichen vorrepublikanischen Zustands. Mundts Staat der Freiheit, den er für die Zukunft prognostiziert, ist ein Staat der politischen Kontroverse, ein Staat der Streitkultur, wie ihn schon Machiavelli in seinen „Discorsi" für notwendig erachtete. Die politische Freiheit muss, laut Mundt,

> „ein ewiger Kampf der Rechte gegen Rechte sein, ein Kampf, welcher besonders dazu geeignet ist, die menschliche Natur in frischer Leidenschaft zu erhalten und von Zeit zu Zeit ihre Kräfte von Grund aus zu verjüngen. Die politische Freiheit ist ein Kampf, der niemals aufhören darf, und der in dem Augenblick, wo er auf der einen Seite sein Ziel erreicht hat, schon nach der andern Seite hin zu neuen Angriffen und neuen Siegen übergehen muß. Der gesetzliche Boden für diesen ewigen Kampf der politischen Freiheit ist der *Staat*, der in seinem innersten Organismus so eingerichtet sein muß, daß er diesen Kampf nicht nur ohne lebensgefährliche Erschütterungen ertragen, sondern ihn auch zu seinem eigentlichen lebendigen Bestehen und Gedeihen, ja zur wahren Verwirklichung seiner Absichten und Endzwecke nöthig hat!"[277]

---

[276] Theodor Mundt: Katechismus der Politik. Darstellung und Erörterung der wichtigsten politischen Fragen und Staatsverfassungen. Dem deutschen Volke gewidmet. Berlin, 1848. S. 5.

[277] ebd. S. 6f.

Ein völlig neuer Aspekt im Schaffen eines Jungdeutschen ist der Bereich der menschlichen Arbeit. Die Romane Mundts, Gutzkows und Laubes der 1830er Jahre kannten so gut wie keine berufstätigen Helden, ihre Protagonisten waren fast ausschließlich Poeten, Reiseschriftsteller oder gar Müßiggänger, allenfalls wie in Mundts „Duett" oder in den „Modernen Lebenswirren" als Schreiber angestellt, doch nie bei ihrer Tätigkeit beschrieben. Nun widmet Mundt der Arbeit insgesamt drei Kapitel, nennt sie „die wahre schaffende Kraft der sittlichen Freiheit"[278], die erst den nötigen Zusammenhang des einzelnen Menschen mit dem Ganzen der Gesellschaft herstelle, und warnt:

> „Die Arbeit ist ein wesentlicher Lebenstheil der ganzen Gesellschaft, und alle Staatsgestaltungen, welche nicht das Interesse und die Bedeutung der Arbeit schon in ihr politisches System mit aufgenommen haben, werden darum stets den Keim ihrer Vernichtung und Auflösung in sich selbst tragen."[279]

Der Einzelne habe durch seine Mitgliedschaft in der Gesellschaft sogar „ein unbezweifelhaftes *Recht auf die Arbeit*"[280]. Allerdings lehnt Mundt eine Organisation der Arbeit durch den Staat kategorisch ab. Eine solche staatliche Verwaltung gefährde die persönliche Freiheit der Bürger und führe obendrein mit größter Wahrscheinlichkeit zum Staatsbankrott. Was Mundt in seinem Katechismus propagiert, ist eine Organisation der Arbeit durch die Arbeitenden selbst in Form einer „Association". In diesem Sinne fordert er auch die Vereinigungsfreiheit als Grundrecht ein und verlangt Gewerbe- und Handelsfreiheit.

Abschließend diskutiert Mundt, wieder anhand historischer Beispiele, die Frage nach der besten Staatsform. In Anlehnung an die aristotelische Trias von Monarchie; Aristokratie und Republik geht auch Mundt von drei denkbaren Staatsformen aus, hier sind es aber die absolute Monarchie, die Republik und die konstitutionelle Monarchie als Kompromiss zwischen beiden Extrempositionen. Mundt favorisiert die dritte Staatsform, und führt aus:

> „Die Entstehung des constitutionellen Staats ist [...] ein *Vertrag*, der gewissermaßen einen Compromiß zwischen Vergangenheit und Zukunft enthält, und nicht mehr aus dem Naturell der herrschenden Persönlichkeit, sondern aus der Idee des freien Staates selbst, die Grundlagen desselben feststellt. [...] Der constitutionelle Staat ist daher am meisten der Staat der

278 ebd. S. 5.

279 ebd.

280 ebd. S. 27.

> *politischen Weisheit,* welche in diesem künstlichen System die Vermittelung der Gegensätze in der Idee der politischen Freiheit zu vollbringen und daraus ein *praktisches* Gleichgewicht verschiedenartiger Berechtigungen [...] herzustellen hat."[281]

Als Mundts Katechismus erscheint, ist er allerdings bereits überholt. Die preußische Nationalversammlung ist gewählt, das Paulskirchenparlament hat sich konstituiert, Mundts Katechismus erscheint sogar erst nach den Juni-Ereignissen in Frankreich und konnte als Grundsatzprogramm kaum mehr Einfluss auf die Frankfurter oder Berliner Verhandlungen nehmen. Mit Datum vom 9. Oktober notiert Varnhagen einen Besuch Mundts in der Nationalversammlung, „wo man einige Flickereien an dem Bürgerwehrgesetz vornimmt und das Jagdgesetz weiter verhandelt. Er ging aus Langerweile fort aus der Versammlung."[282]

*

Ludolf Wienbarg dagegen hat ein sehr konkretes Anliegen an Frankfurt. Er möchte aber keinen Staat gründen wie Mundt, sondern zunächst einmal einen Staatsverband auflösen. Unter dem Titel „Krieg und Frieden mit Dänemark" richtet er seinen Hilferuf an die Nationalversammlung. Das Vorwort ist datiert „Frankfurt, den 10. Juli 1848", der Text entstanden unter dem Eindruck der preußisch-dänischen Waffenstillstandsverhandlungen über die Köpfe der Schleswig-Holsteiner hinweg. Wienbarg fordert die Paulskirchenversammlung in seinem flammenden Appell auf, sich in die dänisch-preußischen Verhandlungen einzuschalten. Wieder legt er die Rechtmäßigkeit der Erhebung dar, schildert Kriegsereignisse, bittet um Hilfe. Der Abgeordnete Laube wird sich später an die Abstimmung über den preußisch-dänischen Waffenstillstand erinnern, der mit einer Mehrheit von 21 Stimmen akzeptiert wurde:

> „Die neunte Stunde war herangekommen. Unter düsterem Schweigen leerte sich die Kirche. Die Mehrheit mochte sich auch eines Sieges nicht freuen, welcher ihr, das wußte sie vorher, eine so tiefe Wunde schlug.
>
> Es war ein Tag des Verhängnisses, dieser sechzehnte September, ein Sonnabend."[283]

Aus Frankfurt ist für die Angelegenheiten Schleswig-Holsteins keine Hilfe mehr zu erwarten. Wienbarg kehrt unverrichteter Dinge an die Front zurück. Im Jahr darauf erscheint sein Bericht „Der diesjährige Dänenkrieg und sein Ausgang – bis auf weiter. Dem theuren, unbesiegten Nordelbingien gewidmet", die Geschichte einer Nie-

[281] ebd. S. 53.

[282] Karl August Varnhagen von Ense: Journal einer Revolution. A. a. O. S. 204.

derlage, ein weiteres Jahr später seine „Darstellungen aus den schleswig-holsteinischen Feldzügen“. Die „beste Feder der Herzogthümer“ konnte nicht verhindern, dass die dänische Erbfolge im Londoner Vertrag vom 8. Mai 1852 für Schleswig und Holstein festgeschrieben wird und dass beide gemäß Bundesbeschluss von Preußen und Österreich an den dänischen König übergehen.

*

Im Sommer des Jahres 1848 wird möglich, was 1835 wenige Minuten vor der Antrittsvorlesung an Mundts „Madonna“-Roman scheiterte. Damals hatten einige Sätze Mundts über die staatliche Zensur genügt, um Henrik Steffens, den Rektor der Berliner Universität zu veranlassen, die Aula zu sperren und Mundts Habilitation auf unbestimmte Zeit zu verschieben. Nun, dreizehn Jahre danach, beruft ein liberales preußisches Kabinett Mundt als Professor für Geschichte und Literaturgeschichte nach Breslau. Mundts Lehrtätigkeit wird nicht lange dauern, bereits 1850, nach dem Wiedererstarken der Reaktion wird man sich des Jungdeutschen wieder entsinnen und ihn in den Ruhestand versetzen.

Doch vorerst wird Mundt Geschichte lehren. Wieder begleitet er die Revolution mit historischen Studien, hält Vorlesungen über Parlamentsgeschichte und Demokratie. In Breslau hielt er Vorträge über Machiavelli, die im Jahre 1851 in überarbeiteter und erweiterter Form gedruckt wurden und insgesamt drei Auflagen erlebten. Am Beispiel Machiavellis kommentiert Mundt die gegenwärtigen politischen Diskussionen und setzt die florentinische Geschichte in Bezug zu den Ereignissen der Jahre 1848 und 49:

> „Aller Orten beschäftigt man sich heute wieder mit Macchiavelli, und wenn er nicht die reinste Gestalt ist, so ist er doch die lehrreichste, an der man sich über den verhängnißvollen Umschlag, welchen auch in unserer Zeit wieder die Volkspolitik in die Cabinetspolitik erleiden mußte, orientiren kann.“[284]

Es ist das Buch *„Der Fürst“*, das im Zentrum von Mundts Untersuchungen steht, Mundt zufolge nach der gescheiterten Revolution das Lieblingsbuch der Regierenden. Doch nimmt Mundt Machiavelli gegen diese „Machiavellisten“ in Schutz, die gar

---

283 Heinrich Laube: Das erste deutsche Parlament. In drei Bänden. Leipzig, 1849. Bd. 2, S. 260.

284 Theodor Mundt: Macchiavelli und der Gang der europäischen Politik. 1. Aufl. Leipzig, 1851. S. III.

nicht das Format zu einem machiavellischen Fürsten hätten. Im Hinblick auf die deutsche Einheit schreibt er:

> „Die schöpferische Persönlichkeit eines Fürsten, selbst nach Macchiavelli's Zuschnitt, wie er ihn für die Einheit Italiens am nützlichsten hielt, würde auch der politischen und nationalen Constituirung Deutschlands förderlicher geworden sein. Der Gang der europäischen Politik ist aber seit Macchiavelli vielmehr der, daß aus den fürstlichen Persönlichkeiten mehr und mehr bloße Cabinetsbegriffe geworden sind. [...] Die Regierung der schöpferischen Persönlichkeiten, nicht aber der macchiavellischen Cabinette, wollte eigentlich Macchiavelli begründen."[285]

Mundts und Machiavellis Staatsbegriff berühren sich außer im Streben nach dem einheitlichen Nationalstaat vor allem im Begriff der machiavellischen „virtú", die in Mundts „Katechismus" unter dem Namen der „Sittlichkeit", wenn auch in abgewandelter, kleinbürgerlicher Form, weiterlebt. Beide suchen nach der Möglichkeit, einen neuen Staat zu errichten und zu festigen.

Aber für Mundt gibt es darüber hinaus noch einen weiteren, triftigen Grund, in diesen Zeiten ausgerechnet auf Machiavelli zurückzugreifen: Machiavellis Lebenslauf weist deutliche Parallelen zu Mundts auf. Wie Mundt in jungen Jahren als liberaler politischer Schriftsteller sich selbst als Vorkämpfer der Freiheit sah, so findet er den jungen Machiavelli als Sekretär der aufstrebenden florentinischen Demokratie. Beide, von absoluten Fürsten kaltgestellt und jeder Wirkungsmöglichkeit beraubt, versuchen, sich bei den Mächtigen beliebt zu machen. Eine Schrift wie der „Fürst" oder Distanzierungen von früheren Idealen haben zur Folge, dass beide nach der Revolution den demokratischen Kräften verdächtig sind und nicht wieder zu ihrer früheren Wirksamkeit zurückkehren können. Wie der alte Machiavelli seine Geschichte der Stadt Florenz verfasst, schreibt auch Mundt nun Parlamentsgeschichten. Es ist nicht nur Machiavelli gemeint, wenn Mundt feststellt:

> „Macchiavelli hatte nicht Lust, Märtyrer zu werden, und er zog es daher vor, das Verderben seiner Zeit zu systematisiren und dadurch in der Praxis zu bleiben. Es ist nicht von allen Naturen zu verlangen, daß sie die Praxis aufgeben und sich zum Eremiten und Bettler ihres Princips machen sollen. Macchiavelli konnte der politischen Einsamkeit und Verlassenheit keinen Geschmack abgewinnen. Diese Einsamkeit wurde aber Schuld daran, daß er den Fürsten-Tractat schrieb, den er in der Verbannung und Verödung, in die ihn der Banquerott des demokratischen Princips zurückgeworfen hatte, sich ausklügelte. Der ganze Sinn dieser

[285] ebd. S. V.

Abhandlung ist der, die Praxis über das Princip zu stellen. Macchiavelli wollte bei den Geschäften bleiben."[286]

*

Die Revolution ist gescheitert, das demokratische Intermezzo in Deutschland ist zu Ende. Im Jahr 1850 zieht Mundt in seinem Roman „Die Matadore", einer Erzählung über drei ehemalige Revolutionäre und ihre „Vier-Sprachen-Zeitung" die ironische, bittere Bilanz, dass seine Zeit keine bedeutenden Politiker und Demagogen mehr hervorbringe, sondern nur noch „Matadore". Das Wort findet sich auch in Laubes Geschichte des Paulskirchen Parlaments und bezeichnet einen Typ des Politikers, der in virtuosen Diskussionen und Reden brilliert. Laube warnt: „Solche Anlage zum Matador wird bedenklich, wo Inhalt und herzliche Theilnahme an diesem Inhalte fehlen."[287]

Das Ehepaar Mundt/Mühlbach wechselt nach der gescheiterten Revolution vollständig in das geschichtliche Fach über und verfasst historische Romane. Eine Flucht aus der Gegenwart kann nicht ausgeschlossen werden.

1861, im Todesjahr Mundts, erscheint Wienbargs „Geschichte Schleswigs", sein letztes größeres Werk. „Wem könnte es einfallen," fragt Wienbarg im Vorwort,

> „durch eine historische Schrift Einfluß auf die Politik der Kabinette zu gewinnen, die sich nicht einmal durch die schreiendsten Zustände der schleswigschen Gegenwart zur Umkehr bewegen läßt. Dennoch möchte ich dies Buch von der Geschichte Schleswigs auf ihre grünen Tische werfen, um sie die ganze Wucht tausendjähriger Argumente, unzähliger Schlachten und Verträge für Schleswigs Freiheit und Unabhängigkeit von Dänemark dröhnend empfinden zu lassen."[288]

Die Loslösung von Dänemark hat Wienbarg noch bewusst miterlebt, bevor Alkohol und Wahnsinn ihn dahinrafften. 1864 wurden die Herzogtümer dem preußischen Staatsgebiet einverleibt. Ob dies die Freiheit war, die Wienbarg erstrebt hatte, bleibt fraglich. 1869 lieferte man ihn in die Schleswiger Irrenanstalt ein, wo er 1872 verstarb.

*

286 ebd. S. 5.

287 Heinrich Laube: Das erste deutsche Parlament. A. a. O. Bd. 2, S. 35.

288 Ludolf Wienbarg: Geschichte Schleswigs. Erster Band: Das heroische Zeitalter. Hamburg, 1861. S. IV.

„Den wahren Geschichtsschreiber muß das Spiel der Harmonien in unmittelbarer Gegenwärtigkeit ergreifen“[289], hatte Wienbarg 1834 in den „Ästhetischen Feldzügen“ gefordert. Wienbarg, der den historischen Roman als geistlose, verdummende Fluchtlektüre verwarf, hatte schon damals als Aufgabe der Geschichtswissenschaft die Gestaltung einer „lebendigen“ Geschichte und die Erhellung der Gegenwart erkannt. Aus diesem Grund schätze er auch Mundts historischen, aber gegenwartsbezogenen „Thomas Müntzer“-Roman von 1841, erschienen im gleichen Jahr wie Mundts Literaturgeschichte mit dem Titel „Geschichte der Literatur der Gegenwart“. Was 1841 in Form eines Romans und einer Literaturgeschichte auftrat, erscheint nun während der Revolution als Geschichtsschreibung.

Gerade in der „bewegten Zeit“, nach der Gustav Kühne sein „Tagebuch“ benannte, finden Wienbarg und Mundt unabhängig voneinander eine neue, bisher für die Jungdeutschen unübliche Textform und sind so ein eindrucksvolles Beispiel dafür, dass in einer Zeit, in der Geschichte „gemacht“ wird, auch Geschichte geschrieben werden muss. So wird Gegenwart zur Geschichte, wie auch Laubes Geschichte des Paulskirchenparlaments dokumentiert, und Geschichte zum Baumaterial für die Zukunft.

[289] Ders.: Ästhetische Feldzüge. Hrsg. v. Walter Dietze. Berlin (O.) und Weimar, 1964. S. 32.

Das „dramatische“ Ende des Jungen Deutschlands

I. Die Kunst der deutschen Prosa

> „Die Prosa wird vor allen Dingen unser Augenmerk sein, und ich hoffe, Sie in den letzten Stunden zu praktischen Übungen zu bewegen. Die Prosa ist eine Waffe jetzt, und man muß sie schärfen; dies allein schon wäre ein erfreuliches Resultat unseres Zusammentreffens."[290]

Mit diesen Worten entließ Ludolf Wienbarg seine Studenten aus seiner neunten Vorlesung über Ästhetik. Die Vorträge, mit denen der kämpferische Dozent im Sommersemester 1833 die akademische Jugend von Kiel begeisterte, erschienen im Jahr darauf als „Ästhetische Feldzüge" mit der zensorenalarmierenden Zueignung: „Dir, junges Deutschland, widme ich diese Reden, nicht dem alten." Wienbarg wurde hierdurch Taufpate einer Bewegung, die als „Junges Deutschland" in Polizeiakten und Literaturgeschichten einging und durch den Bundestagsbeschluss vom 10. Dezember 1835 zum Erliegen kam.

Eine organisierte Literatenvereinigung „Junges Deutschland", wie es die Zensurbehörden vermuteten, hat es nie gegeben, die betroffenen Autoren waren untereinander zum Teil nicht einmal persönlich bekannt, vertraten in ihren Texten recht unterschiedliche Ansichten oder befehdeten sich sogar heftig, sodass die Zusammenstellung der Namen auf die Verbotenen selbst hochgradig befremdlich wirkte. „Fünf zusammengeschneite Personen zu einer solidarischen Verantwortlichkeit von Gedanken zu vereinigen, ist ein Mechanismus, der sich in einem Zeitalter der Idee nicht lang fortsetzen läßt"[291], schreibt Theodor Mundt rückblickend im Jahre 1839.

Zwei Dinge aber waren, bei aller Verschiedenheit, ihnen allen gemeinsam und sind auch heute noch untrennbar mit dem Begriff „Junges Deutschland" verbunden: zum einen ein Eintreten für Freiheit und Freiheitsrechte, zum anderen aber wurde das Wort „jungdeutsch" zum Synonym für einen neuen, unverwechselbaren Prosastil. Geschult an den älteren Autoren Heine und Börne, brachten diese Schriftsteller einen neuen Tonfall in die deutsche Literaturlandschaft. Kurze, parataktische Sätze lösten den alten Periodenstil ab, Wortspiele und ungewöhnliche Metaphern verwandelten selbst trockenste Themen in ein Feuerwerk des Witzes, politische Forderungen erschienen nicht mehr in dickleibigen, gelehrten Abhandlungen, sondern für jeden verständlich als amüsant geschriebener Essay in eine Romanhandlung eingebettet.

---

[290] ebd. S. 90.

[291] Theodor Mundt: Spaziergänge und Weltfahrten. Bd. II. Altona, 1839. S. 168.

Wienbarg charakterisiert den neuen Stil als einen „demokratischen", der den „aristokratischen" Stil der Klassiker ablöste:

> „Die neue Prosa ist von der einen Seite vulgärer geworden, sie verrät ihren Ursprung aus, ihre Gemeinschaft mit dem Leben, von der andern Seite aber kühner, schärfer, neuer an Wendungen, sie verrät ihren kriegerischen Charakter, ihren Kampf mit der Wirklichkeit [...]."[292]

Die Prosa der neuen Zeit ist vielschichtig und formenreich. Reiseberichte, Novellen, Briefe, Literaturkritik, alle Spielarten der Prosa sind im Repertoire der Jungdeutschen vertreten, doch die bedeutendste Stellung nimmt der Roman ein. Wichtigste Publikationen dieser Jahre sind Mundts „Moderne Lebenswirren" (1834) und „Madonna" (1835), Laubes Trilogie „Das Junge Europa" (1833-37) und Gutzkows „Wally die Zweiflerin" (1835). Selbst ein Dramatiker wie Georg Büchner schrieb, als er einen Text eigens für Gutzkows und Wienbargs „Deutsche Revue" verfasste, einen Erzähltext, das Fragment „Lenz". Noch zwei Jahre nach dem Verbotsbeschluss legt Mundt ein typisch jungdeutsches Buch, ein Manifest des neuen Stils vor: seine „Kunst der deutschen Prosa", in der er die Lyrik als veraltet und reaktionär bekämpft und Prosa als einzig zeitgemäße Ausdrucksform propagiert. Jede Zeit habe den ihr entsprechenden Stil hervorgebracht, auch die Lyrik habe ihre Epoche gehabt:

> „Von einer Zeit aber, in der Alles auf Instrumenten, bis zum Zerspringen gestimmt, seinen Lebenston abspielt, wo unsere Sitten, unsere Speculation, unsere Existenzfragen mit lauter noch unverarbeiteten Elementen geschwängert und überfüllt sind, da verlange man nicht ländliche Schalmeienklänge und Hirtenpfeifen mit Hintergrund friedlich stiller Abendlandschaften, wie in den einfachen rein contemplativen Literaturepochen."[293]

Die Prosa war tatsächlich zur Waffe in der Hand der Autoren geworden, wie Wienbarg verkündet hatte. Nicht ihrer politischen Forderungen wegen wurden die Autoren verboten, liberale Ideen waren von Philosophen immer wieder vorgetragen worden. Das Verbrechen, wie Börne und Heine übereinstimmend analysierten, war der Stil. Wie dieser die Identität der Gruppe auch über das Jahr 1835 hinaus prägte, verdeutlicht ein Gespräch zwischen Mundt und Wienbarg, das von Gustav Kühne überliefert wurde. Beide trafen sich 1837 in Hamburg, wo Wienbarg inzwischen Mitarbeiter der Hamburger Börsenblätter geworden war:

---

[292] Ludolf Wienbarg: Ästhetische Feldzüge. A. a. O. S. 189.

[293] Theodor Mundt: Die Kunst der deutschen Prosa. Ästhetisch, literargeschichtlich, gesellschaftlich. Berlin, 1837. S. 143f.

„Sie schreiben, sagte Mundt zu Wienbarg, diese Mittheilungen von oft unbedeutenden pariser Ereignissen so schön, wie Sie Ihre eigne Production schreiben würden.

Das ist das Einzige, sagte Wienbarg, was man uns nicht nehmen kann. Man nimmt uns unseren Inhalt, hetzt die Polizei gegen unsere Richtungen, verbietet unsere Gedanken. Den Styl werden sie uns doch wohl lassen!“[294]

II. Der Stellenwert des Dramas

Trotz ihrer Vorliebe für eine moderne Prosa begegnen die Jungdeutschen dem Drama, anders als der Lyrik, mit großer Hochachtung. Mit Hinblick auf die Tragödie und Komödie in der Antike gilt ihnen das Drama, wie keine andere Literaturgattung, als Ausdruck der Souveränität einer Nation. Das Theater ist in ihren Augen damit der Ort, an dem freie und gleiche Bürger die Belange ihres Staates öffentlich verhandeln. Doch die Bühnenwirklichkeit der eigenen Zeit steht in ihren Augen in eklatantem Widerspruch zu diesem Theaterbild. Sie ist geprägt von Autoren wie Raupach und Kotzebue, von unprofessionellen Schauspielern, von kommerziellen Unterhaltungsstücken auf der einen Seite und kleinen „gutgemeinten“ Liebhaberbühnen auf der anderen. Es fehlen gute Bühnendichter; die jüngeren hatten der Bühne lange Zeit den Rücken gekehrt. Erst in den vierziger Jahren stellt Mundt als positive Veränderung fest:

„Was die *dramatische* Poesie anbetrifft, so dürfte es im Allgemeinen [...] als erfreulich zu bemerken sein, dieselbe jetzt in ein unmittelbares Verhältnis zur *Bühne* eingetreten zu sehen. Während die hervorbringenden Talente es eine Zeitlang für vornehm und gewissermaßen für einen Stempel ihrer poetischen Echtheit hielten, wenn sie dramatische Dichtungen der Bühne so widerstrebend wie möglich einrichteten, so ist jetzt ein umgekehrtes Verhältnis genußvoller hervorgetreten.“[295]

Christian Dietrich Grabbe und andere Autoren hatten sich angesichts der für sie unbefriedigenden Theatersituation verstärkt dem Lesedrama zugewandt. Ihre Stücke wurden zwar gedruckt, waren aber weitgehend „unaufführbar“, auch wenn Gutzkow ärgerlich schrieb:

---

[294] Gustav Kühne: Ludolf Wienbarg. In: G. K.: Porträts und Silhuetten. Bd. 2. Hannover, 1843. S. 170f.

[295] Theodor Mundt: Geschichte der Literatur der Gegenwart. Leipzig, 1853. S. 492f.

„Dies Gerede vom Nichtaufführenkönnen, womit man z.B. Grabbe zurückgeschreckt hat, ist wahrhaft perfid; denn umsonst haben doch die Maschinisten seit zehn Jahren nicht so ungeheure Dinge in den Melodramen und Opern geleistet; sie haben uns feuerspeiende Berge, die Cyclopen-Schmiede, die Wolfsschlucht, auffliegende Pulverschiffe, lebende Bilder, tausend perspektivische Täuschungen gegeben. Aufführen läßt sich alles, und die Sache ist nur die, daß die Literatur hier mit vornehmen unwissenden Behörden, und mit gedächtnisfaulen, dickbäuchigen Schauspielsinekuristen zu thun hat.“[296]

Die schlechte Qualität des zeitgenössischen Theaters wird zurückgeführt auf die politischen und gesellschaftlichen Zustände in den deutschen Staaten. In Analysen der Jungdeutschen werden vor allem vier Hindernisse für die Entstehung eines deutschen Nationaltheaters genannt:

1) Das Institut der Zensur. Denn „gewiß wird sich kein Shakespeare erheben, so lange einer gestrichen werden kann“[297], heißt es in einem Aufsatz aus Mundts Zeitschrift „Der Freihafen“. Streichungen in Prosa ließen sich durch Gedankenstriche markieren, ohne dass der gesamte Text aufgegeben werden musste, doch Gedankenstriche auf der Bühne auszusprechen, war unmöglich. Verboten waren nicht nur politische oder sexuelle Anspielungen, sondern darüber hinaus gab es für die Bühnen-Aufführung zahlreiche zusätzliche Einschränkungen: Geistliche durften nicht auf der Bühne erscheinen, die Darstellung von Heiligen war untersagt, höhere Adelsränge waren tabu. In vielen Theatern waren Stoffe aus der Familie des Landesfürsten verboten, in Preußen sogar alles, was befreundete Nationen kränken konnte. Heiraten zwischen Adligen und Bürgerlichen waren zwar in der Realität möglich, aber auf der Bühne verboten. Und der Schutz von Ehe und Familie ließ sehr viele traditionelle Dramenkonflikte gar nicht erst zu. Wie eine klassische Tragödie durch einen Zensor verstümmelt und in eine komische und peinliche Veranstaltung verwandelt wurde, schildert Laube anlässlich der Aufführung von Schillers „Kabale und Liebe“ am Wiener Burgtheater im Jahre 1808:

„Der Präsident von Walter hieß Vicedom von Walter, der Hofmarschall von Kalb hieß Obergarderobemeister. „War kein Obergarderobemeister da?!“ hatte Ferdinand zu rufen, und was die Umgestaltung zu so dauernder Kenntnisnahme verurteilt hat: – Ferdinand war

296 Karl Gutzkow: Beiträge zu Geschichte der neuesten Literatur. Stuttgart, 1836. Bd. 1, S. 163.
297 Modestus: Geschichte der deutschen Bühne. Zweiter Artikel. In: Freihafen 4, 1842. S. 123.

nicht der Sohn des Vicedoms, sondern nur dessen Neffe. „Es gibt eine Gegend in meinem Herzen, worin das Wort *Onkel* noch nie gehört worden ist!“[298]

2) Das Fehlen einer „Nation“. Die Werke eines Shakespeare oder Aischylos werden zurückgeführt darauf, dass der Dichter als Teil des Volkes in direktem Kontakt mit der Nation stand und gewissermaßen ihr Sprachrohr war. Eine deutsche Nation dagegen existiere nicht, stattdessen gab es drei Dutzend deutschen Kleinstaaten. Ferner standen Schriftsteller dem Volk eher distanziert gegenüber. Mundt beklagt: „Das Theater, das bis jetzt noch nicht zu einem nationalen Institut hat werden können, ist immer mehr zu einem gesellschaftlichen bei uns geworden.“[299]

3) Das Fehlen eines geistigen Zentrums. Ähnlich zerrissen wie die politische Landschaft stellte sich auch die Theaterlandschaft dar. Hoftheater, Liebhaberbühnen, Stadttheater spielten nach unterschiedlichsten Konzepten, sodass sich für den Betrachter ein bunter Flickenteppich kleiner Regionaltheater ergab, aber keine einzige große Bühne, um die besten Kräfte der Nation zu vereinen. Die „kleinen Residenzen mit ihren kleinen, kein bedeutendes Leben darstellenden Kreisen“, sagte Laube, „sind nicht mehr imstande, dafür den Ton anzugeben. Es können dies nur noch Städte, welche ein großes, innerlich bewegtes, oder welche doch ein mannigfaltiges Publikum haben.“[300]

4) Das Publikum. Es wird betrachtet als ungeschult in Fragen des Geschmacks, politisch unmündig, keine Nation bildend. Es galt als einzig auf Unterhaltung aus, als kaum geeignet, Dichter und Darsteller zu beurteilen und zu Höchstleistungen anzuspornen. Hinzu kommt die unrühmliche Rolle der Theaterkritik als Begleiter der Inszenierungen:

> „In Deutschland erwirbt man sich die literarischen Sporen mit Kritik. Was die reiflichste Kunde, was [...] Erfahrung voraussetzt, das pflegen wir als Einleitung zu hantieren. Namentlich die Theaterkritik ist ein vogelfreies Gewerbe. Wer noch gar nichts kann [...], schreibt Theaterrezensionen.“[301]

---

[298] Heinrich Laube: Ausgewählte Werke. Hrsg. v. Heinrich Hubert Houben. Leipzig, o. J. Bd. 4, S. 136f.

[299] Theodor Mundt: Dramaturgie oder Theorie und Geschichte der dramatischen Kunst. Berlin, 1848. Bd. 1, S. 7.

[300] Heinrich Laube: A. a. O. Bd. 4, S. 5.

[301] ebd. S. 19.

Die Position der Jungdeutschen war also zwar durchaus geprägt von einer Hochachtung des Dramas, doch mehr theoretisch als Betrachtung einer derzeit unmöglichen Gattung, für die man vielleicht in der Zukunft, in einer freien, aufgeklärten Gesellschaft etwas erhoffen konnte. Der Weg dorthin aber blieb der Roman.

Erst nach dem Verbot, als die Gruppe, die eigentlich keine war, auseinandergebrochen ist, finden die Jungdeutschen Zugang zur dramatischen Kunst. Das Konzept der jungdeutschen Prosa, die politische Waffe und Medium für den „Ideenschmuggel" sein sollte, war gescheitert. Mit Novellen und Romanen hatten sich die Verfasser zwar einen intimeren Zutritt in die Privatgemächer der Leser verschafft, als es dem Drama je möglich sein konnte, allein der Erfolg, das konkrete Handeln des Publikums blieb aus, und die Prosa blieb auf den Privatbereich beschränkt. Nicht nur der Verbotsbeschluss von 1835, sondern auch die veränderte literarische Öffentlichkeit der 40er Jahre verschuldete das Ende der jungdeutschen Prosa-Bewegung. Ein Ende, das auch durch den Untergang der jungdeutschen Zeitschriften markiert wird: 1843 wird Gutzkows „Telegraph für Deutschland" eingestellt, 1844 Mundts „Freihafen", im selben Jahr gibt Laube die Leitung der „Zeitung für die elegante Welt" auf.

Die Begründer des neuen Stils sind mit ihrer Prosa gescheitert. Doch das Ende ihrer Bewegung erweist sich als ein wahrhaft „dramatisches": Die Bemühungen der Autoren sind unterschiedlich, nicht alle sind erfolgreich. Während Wienbarg und Mundt als „Theoretiker" den Weg der Kritik und Literaturgeschichte einschlagen, erobern sich Gutzkow und Laube die Bühne als neues Betätigungsfeld. Laube als Leiter des Burgtheaters erwarb sich darüber hinaus auf dem Gebiet der Dramaturgie Verdienste um das Theater, die seine schriftstellerischen Arbeiten weit in den Schatten stellen. Die Wege der Autoren gehen auseinander. Gab es vorher, unabhängig von einer wie auch immer organisierten Vereinigung „Junges Deutschland", doch das Gefühl des gemeinsamen stilistischen Interesses und der Zusammengehörigkeit als Vertreter der jungen Autorengeneration, so handelt es sich nun um vier individuelle Karrieren, und zumindest bei den beiden Dramatikern Gutzkow und Laube mag in dem Gattungswechsel und der Abkehr von der Prosa auch der Versuch der Distanzierung vom „Jungen Deutschland" mitbestimmend gewesen sein. Dennoch scheint das Hinüberwechseln ins Drama etwas spezifisch Jungdeutsches zu sein. Edward McInnes glaubt sogar,

„daß das Engagement für das Drama, das auf die Schmach des Zusammenbruchs und des Verbots folgt, ein entscheidendes Stadium in der Entwicklung der jungdeutschen Bewegung darstellt und einen echten Wandel der Interessen und Bestrebungen enthüllt.“[302]

III. Wienbarg und Mundt: gescheiterte Versuche

Im Jahr 1839 veröffentlicht Wienbarg den ersten Band seiner „Dramatiker der Jetztzeit“, einer Reihe, die nach dem Willen des Autors das Ziel hatte,

> die neuere Dramen-Literatur, vorzüglich die bühnenlose, durch Anschauung wenig [...] bekannte, in jedesmal durch irgend einen Bildungszweck für Dichter und Publikum geleiteter Wahl, [...] im geschichtlich-poetischen Bewußtsein der Nation kritisch in zwanglosen Heften [zu] beleuchten.[303]

Wienbarg, dessen Anliegen das zeitgenössische Theater und die Förderung moderner Autoren ist, bespricht in diesem Heft die Dramen von – Ludwig Uhland, ein recht eigenwilliger Einstieg in eine Serie über Dramatiker, und vielleicht war schon diese Wahl Grund dafür, dass der Reihe kein Erfolg beschieden war. Bereits der zweite Band, der den Dichter Friedrich Hebbel behandeln sollte, ist nicht mehr erschienen. Die Uhland-Besprechung selbst hält in keiner Weise den Vergleich mit den „Ästhetischen Feldzügen“ aus. Sie ist ein trauriges Zeugnis für den geistigen Niedergang dieses bedeutendsten Programmatikers der Jungdeutschen. Über weite Strecken bleibt der Text reine Inhaltsangabe, und die zahlreichen, oft seitenlangen Zitate verleihen dem Bändchen den Anschein, der Verfasser habe versucht, „Zeilen zu schinden“. Nur da, wo Wienbarg unverhohlen seiner Sympathie für Uhland, dessen Fehler und Mängel er bei der Besprechung der Dramen durchaus benennt, Ausdruck verleiht und für den Autor Werbung macht, findet sich noch der vertraute, begeisterte und pathetische Wienbarg-Tonfall der Kieler Zeit. Doch insgesamt muss dieser Versuch Wienbargs, im Bereich des Dramas Fuß zu fassen, als gescheitert gelten.

Im selben Jahr scheitert Mundts erster und einziger Versuch, ein Drama zu schreiben. Die „Komödie der Neigungen“, die zum größten Teil in fünffüßigen Jamben abge-

---

302 Edward McInnes: Drama als Protest und Prophezeiung: Das historische Drama der Jungdeutschen. Aus dem Englischen übersetzt von Renate Saurer. In: Elfriede Neubuhr (Hrsg.): Geschichtsdrama. Darmstadt, 1980. S. 303.

303 Ludolf Wienbarg: Die Dramatiker der Jetztzeit. Altona, 1839. S. 7.

fasst und im zweiten Band des Almanachs „Der Delphin“ abgedruckt ist, kann nur als völlig misslungen bezeichnet werden. Was im Roman jungdeutsches Markenzeichen war, nämlich die rhetorischen Kabinettstückchen der Helden, erweist sich als tödlich für das Drama: Mundts Helden halten sich gegenseitig ununterbrochen mehr oder weniger brillante Vorträge und erzählen ihre Schicksale, doch findet sich im ganzen Stück kein einziger lebendiger, bühnentauglicher Dialog. Auch die Handlung ist ausgesprochen konfus. Die Geschichte einer Engländerin, die ihren Ex-Geliebten als Matrosen verkauft und nach Indien verschiffen lässt, die seinen scheintoten Sohn anderthalb Akte lang gegen Bestatter und Polizisten verteidigt, bis der Knabe tatsächlich wieder erwacht, die sich schließlich unsterblich in einen unbekannten Briefschreiber verliebt, ist hochgradig konstruiert und nicht frei von Ungereimtheiten.

Einzig der Briefschreiber selbst, der deutsche Gelehrte Johannes, ist literaturgeschichtlich von einem gewissen Interesse, da er von einem stupiden Geistlichen als „jungdeutsch“ beschimpft wird. Mundt hat hier, vier Jahre nach dem Verbot und immer noch unter Sonderzensur stehend, einen „Jungdeutschen“ dargestellt und ihn obendrein als solchen benannt. Zwar schreibt dieser Johannes nur einen einzigen Text, eben den besagten Brief, doch in so grandioser Prosa, dass die Leserin gar nicht anders kann, als sich in ihn zu verlieben und ihn zu heiraten. Eine Erfahrung, die Johannes mit einem Ausspruch des Comte de Buffon erklärt, der in der Diskussion um das Junge Deutschland immer wieder zitiert wurde: „Der Mann/ Ist nicht verschied'ner Art von seinem Brief./ Le style c'est l'homme!“[304]

Ausgereifter als die Komödie fiel Mundts zweiter Ausflug in das dramatische Gebiet aus: Im Revolutionsjahr 1848 erscheint, nachdem der Verfasser bereits mehrere Literaturgeschichten mit dem Schwerpunkt Prosaliteratur veröffentlicht hat, seine zweibändige „Dramaturgie“. Das Erscheinungsdatum ist sicher kein Zufall, erwartet doch auch Mundt vom Theater „eine großmächtige Lebenswirkung [...], welche [...] der Idee der Freiheit und Sittlichkeit selbst entspreche, und am meisten eine Kunst freier und glücklicher Völker sei [...].“[305] Es ist allerdings alles andere als eine revolutionäre, sondern vielmehr eine resignative Dramaturgie. In Anbetracht der Lage des deutschen Staates und aus der geschichtlichen Zersplitterung und Uneinheitlichkeit der deutschen Nation sei es folgerichtig, dass ein deutsches Nationaltheater nicht ge-

304 Theodor Mundt: Komödie der Neigungen. In: Der Delphin. Ein Almanach. Zweiter Jahrgang. Altona, 1839. S. 145.

305 Theodor Mundt: Dramaturgie. A. a. O. Bd. I, S. 9.

schaffen werden konnte und können wird, im Gegensatz zu den Theatertraditionen der Antike, Frankreichs oder Englands. Anders als Mundts frühere Arbeiten ist diese Dramaturgie nicht chronologisch geordnet. Auf die Einleitung über „Zweck und Bedeutung der dramatischen Kunst“, in der anhand von Platon, Rousseau, Lessing, Schiller und Goethe das Für und Wider des Theaters abgewogen wird, und einer allgemeinen Abhandlung über die dramatische Form folgen im ersten Band Untersuchungen über den „Ursprung der modernen Bühne“, ausgehend vom Standpunkt der Kirche und den christlichen Mysterienspielen, hierauf erst die Schilderung der Antike. Der zweite Band behandelt die italienische, englische, spanische und französische Bühne, der deutsche Teil bricht nach Gottsched ab, nennt nur kurz Lessing, Goethe, Schiller, die aber nur als Individuen begriffen werden, aber eben nicht als Teil eines spezifisch deutschen Theaters. Für eine Dramaturgie eines Zeitgenossen Hebbels und Grabbes, für das Buch eines Weggefährten Gutzkows und Laubes ist es ein überraschendes, frühes Ende. Aber es geht Mundt gar nicht um einzelne Dichterpersönlichkeiten, sondern um größere Zusammenhänge und um ein Drama, das aus dem gesamten Volk heraus entsteht, das von einer ganzen Nation getragen ist und das für eine ganze Nation spricht. Die gegenwärtige Lage in den deutschen Staaten aber zeichne ein anderes Bild:

> „Die neuesten Zeittendenz-Stücke haben aber diesen verlorenen Zusammenhang mit der allgemeinen Bildung der Nation nicht wieder herzustellen vermocht, ebenso wenig die auf die deutsche Literaturgeschichte gepfropften Dramen, welche mindestens stofflich, obwohl doch ohne eigentliche dramatische Kraft, das Bedürfnis an den Tag gelegt haben, die Bühne wieder in ein würdiges Verhältniß zu den geistigen Elementen und Besitzthümern der Nation zu bringen.“[306]

Es ist eine sehr pessimistische Dramaturgie, die Mundt am Vorabend der Revolution veröffentlicht. Bei allen Träumen von einer Weltliteratur, ist Mundt zu der Auffassung gelangt, dass eine Weltliteratur nur aus Nationalliteraturen entstehen kann. Eine nichtexistierende deutsche Nation, so stellt er fest, kann auch kein Drama schaffen. Mit dieser „Dramaturgie“ enden die dramentheoretischen Bestrebungen Mundts. Wenig später steht er als Redner auf den Berliner Barrikaden und versucht sich als Verfasser politischer Schriften, woraufhin er, nach dem Scheitern der 48er Revolution, zur Prosa zurückkehrt und den Rest seines Lebens der Abfassung zumeist mehrbändiger historischer Romane widmet.

[306] ebd. Bd. II, S. 418.

IV. Karl Gutzkow – Das dramatische Jahrzehnt

Das Jahr 1839, das die Fehlschläge Wienbargs und Mundts gesehen hatte, brachte auch einen jungdeutschen Dramenerfolg mit sich: Am 18. Juli erlebte Gutzkows Tragödie „Richard Savage" in Frankfurt seine Uraufführung. Bereits 1834 war sein Lesedrama „Nero" erschienen, 1838 folgte „König Saul", beides genialisch angehauchte Buchdramen, zeitkritisch, „tendenziös" und vollkommen unaufführbar. Nun, mit der Geschichte des Richard Savage gewinnt Gutzkow die Bühne und bereitet den Boden für ein modernes, jungdeutsches Zeitstück, über dessen Bühnenerfolg Reinhold Gensel urteilt, er beruhe zum Großteil „auf der geheimen Symbolik, dass Jungdeutschland, so lange als Bastard von der Rabenmutter Zeit verstoßen, um die Anerkennung, um die Liebe seiner Mutter wirbt."[307]

Savage, der elternlos aufgewachsene Dichter, in Gestus, Rhetorik und emotionalem Überschwang ein Kind des Jungen Deutschlands, findet in alten Aufzeichnungen den Hinweis auf seine Mutter, die Lady Macclesfield, die allerdings von den stürmischen Liebesbeteuerungen Savages alles andere als begeistert ist und ihn verleugnet. Über die Schwierigkeiten, diesen Helden auf die Bühne zu bringen, berichtet Gutzkow:

> „Auf dem Wiener Hofburgtheater war es früher nicht gestattet, den Schein zu dulden, als könnte eine Dame [...] einen unehelichen Sohn haben. Infolgedessen verwandelte sich dort die Grausamkeit der Lady in die untrügliche „Stimme der Natur"; Richard Savage war – nicht der Sohn der Lady. Die Wirkung dieser Änderung muß eine peinliche gewesen sein."[308]

Schon im Jahr darauf erscheinen zwei neue Dramen Gutzkows. „Werner oder Herz und Welt" ist die Geschichte eines jungen Bürgerlichen, der in eine reiche Adelsfamilie einheiratet, sich aber schließlich zu seiner Herkunft und seinem Geburtsnamen bekennt: „Daß ich gar noch den Adel annahm, war ein Verrat an den Ansichten, die ich vom Unterschied der Stände hätte haben sollen."[309] Mit der Tragödie „Patkul" um den livländischen Nationalhelden und Revolutionär versucht sich Gutzkow erstmals auf dem historischen Gebiet, hat aber noch keinen nennenswerten Erfolg. Auf der Basis dieser drei Stücke prophezeite Mundt: „Das große praktische Talent Gutzkows

---

307 Reinhold Gensel: Einleitung zu den Dramen. In: Gutzkows Werke. Auswahl in zwölf Teilen. Hrsg. und mit einem Lebensbild versehen von R. G. Berlin u. a., o. J. Bd. 1, S. 7.

308 Gutzkows Werke. A. a. O. Bd. 1, S. 93.

309 ebd. Bd. 2, S. 72.

scheint ihn vorzugsweise einer erfolgreichen Thätigkeit für das Theater zu überweisen [...].“[310]

Mundt sollte Recht behalten. In den vierziger Jahren verfasste Gutzkow etwa zwanzig Dramen, so dass man hier wirklich von einem dramatischen Jahrzehnt sprechen kann. Gutzkow produziert schnell, manchmal flüchtig, in wechselnder Stimmung, mit wechselnden Themen, Formen und mit wechselndem Erfolg. Der Eindruck einer Orientierungs- und Ziellosigkeit drängt sich auf angesichts dieses Gemischs aus Trauer-, Lust- und Schauspielen, Idyllen, Schicksalstragödien, Literaturdramen und Historienstücken, auch eine Einheit in der Qualität und im Erfolg seiner Produktionen hat Gutzkow nicht erreichen können. „Die Schule der Reichen“, eine Satire auf Kaufmannschaft und Geldadel fällt 1841 in Hamburg vollständig durch. Mit der harmlosen Liebesgeschichte „Ein weißes Blatt“ konnte er nur einen Achtungserfolg erringen. Denn die Zuschauer erwarteten von einem Gutzkow-Stück „Tendenz“ und waren daher von dieser Idylle verständlicherweise enttäuscht. Der langanhaltende Erfolg des „Königsleutnant“ wird vom Verfasser sogar beklagt. Die kleine Gelegenheitsarbeit, berechnet auf eine einmalige Aufführung zum 100. Geburtstag Goethes, hielt sich mit allen Mängeln und Unzulänglichkeiten dauerhaft im Repertoire und wurde zu einem der bekanntesten Stücke Gutzkows. Zu seinen großen Erfolgen gehören die beiden Lustspiele „Zopf und Schwert“, das am Hof des Soldatenkönigs Friedrich Wilhelm I. spielt, und „Das Urbild des Tartüffe“, in dem der Verfasser im historischen Gewand die Zensurmaßnahmen seiner Zeit darstellt. Gutzkow verwandelt die historische Tatsache, dass die Uraufführung von Molières „Tartuffe“ durch Intrigen verzögert wurde, in eine Satire über die Praktiken der Zensoren und die Scheinheiligkeit selbsternannter Sittenwächter.

Seine bedeutendste Tragödie aber ist der 1846 entstandene „Uriel Acosta“, ein klassisch aufgebautes fünfaktiges Drama in traditionellen fünfhebigen Jamben. Die Geschichte des jüdischen Philosophen, der wegen seiner Schriften aus der Gemeinde ausgestoßen wird, hatte Gutzkow bereits 1834 in der Novelle „Der Sadduzäer von Amsterdam“ bearbeitet. Das Stück um Wahrheit, Freiheit, Religion und Engstirnigkeit hat wie kein zweites Drama Gutzkows die Vertreter der Kirchen auf den Plan gerufen. Zwar spielt es im Amsterdamer Judenmilieu, wurde daher auch oft als „Judenstück“ verunglimpft, doch weltliche und geistliche Obrigkeiten erkannten sich den-

310 Theodor Mundt: Geschichte der Literatur der Gegenwart. Berlin, 1842. S. 379.

noch leicht wieder. Über die Aufnahme des Dramas berichtet Gutzkow, es sei ein „Witterungsbarometer für die öffentlichen Zustände" gewesen: „Nahm die kirchliche Reaktion zu, so erfolgte auf der Bühne ein Verbot; fand ein Systemwechsel statt, so ließ man „Uriel Acosta" frei."[311]

Zehn Jahre später arbeitet Gutzkow eine weitere Novelle, „Die Selbsttaufe", zu einem Drama mit dem Titel „Ottfried" um. Beide Erzählungen sind thematisch eng miteinander verwandt, beide leben von dem Spannungsgefüge zwischen Theologie und Freiheit und sind stark autobiographisch geprägt. Dass Gutzkow diese beiden sehr persönlichen Texte aus der alten Prosa mit in die neue Dramen-Form hinübernimmt, zeigt, wie sehr ihn das Thema immer noch beschäftigte. Doch anders als der „Uriel Acosta", der seine Prosa-Vorlage tatsächlich überflügelt, bleibt der „Ottfried" hinter dem Original zurück. Vor allem der veränderte Schluss mit der reumütigen Rückkehr des Helden und der rückgängig gemachten Namensänderung wirkt eher unbefriedigend neben der entschlossenen Novelle.

Trotz des Misserfolgs seines „Patkul" versucht sich Gutzkow später wieder an historischen Stoffen. Es entstehen Tragödien wie „Pugatscheff", ein Drama aus der russischen Geschichte, das eine gewisse Verwandtschaft mit den „Demetrius"-Dramen Heinrich Laubes und Gustav Kühnes aufweist, und eine „Wullenweber"-Tragödie, in deren Vorwort aus dem Jahr 1848 Gutzkow seine Theorie des historischen Dramas darlegt und aus künstlerischen Gründen sogar der geforderten Tendenz eine Absage erteilt:

> „Der wahre Feind des wirklichen Gedeihens der ächt historischen Muse ist aber die Tendenz. Diese, aus Deutschlands unfreien Zuständen geboren, findet literargeschichtlich in ihrem Wirken sicher einst ihre ästhetische Berechtigung; aber dem historischen Drama, das sich seit zehn Jahren wieder bei uns zu rühren und zu regen begann, ist sie so wenig nützlich gewesen, daß sie eher die Gleichgültigkeit und Abspannung für dieses Genre als die Empfänglichkeit beförderte."[312]

In den 50er Jahren versiegt die dramatische Produktivität Gutzkows. Zwar verfasst er noch vereinzelt Dramen, wie etwa ein Schauspiel über den Werdegang der Ella Rose und die Berufung des Schauspielers. Doch wird seine Dramenproduktion zurückgedrängt von umfangreichen Romanprojekten. Es entstehen die neunbändigen „Ritter vom Geiste" und „Der Zauberer von Rom" und weitere Romane. Gutzkow kehrt nach

311 Gutzkows Werke. A. a. O. Bd. 3, S. 7.

312 Karl Gutzkow's dramatische Werke. Leipzig, 1846-50. Bd. 6, S. XIII-XIV.

dem dramatischen Jahrzehnt zurück zur erzählenden Prosa, mit der seine Karriere begann.

V. Heinrich Laube: Späte Selbsterkenntnis

„Ich dachte“, erinnert sich Heinrich Laube, „nicht eigentlich an das deutsche Theater, das lag uns ganz fern, und [...] fand [...] es barock und unzeitgemäß, als Gutzkow zu mir sagte: Wir sollten für das Theater schreiben!“[313] Laube, dem Gutzkow im Jahr 1833 diesen Vorschlag machte, ist der Jungdeutsche, der am konsequentesten seinen Abstand vom Theater betonte. Immer wieder stellt er sich in seinen Memoiren als einen Menschen dar, der nie mit dem Gedanken an eine Karriere als Dramatiker oder Dramaturg gespielt hatte. Nie habe er selbst auftreten wollen, erklärt er, als er berichtet, wie er sich als Kind Zutritt zum Theater verschaffte. Laube, der sich den Direktor durch Beschaffung von Requisiten verpflichtete, einmal sogar ein Pferd besorgte, erlebte seinen ersten und einzigen Bühnenauftritt als Stalljunge dieses Pferdes. Die Aufführung wurde durch die Launen des Tieres verdorben, doch hatte er von nun an „intimen Zutritt auf dem Theater, besonders auch in den Proben“[314], und besaß daher als einziger Jungdeutscher bereits in jungen Jahren praktische Kenntnisse über das Theater und die Vorgänge hinter den Kulissen.

Dramatische Versuche hat er schon früh unternommen. Ein Jugenddrama „Gustav Adolf“ erlebt eine Aufführung, und dem Verleger Cotta bietet er bereits 1832 zwei Tragödien an, wohl „Gustav Adolf“ und „Moritz von Sachsen“. Trotzdem beteuert er, er habe keinerlei dramatische Ambitionen, und noch 1837, bei seinem Aufenthalt in Paris, ist er anscheinend völlig überrascht, als ein Bekannter nach seiner Meinung über die Pariser Theater fragt. Laube hatte in den Wochen, die er dort zugebracht hatte, keine einzige Vorstellung besucht.

Die Geburt der Tragödie „Monaldeschi“, die Laube im Vorwort zur Ausgabe von 1845 schildert, liest sich wie ein Schauerroman. Es scheint, als habe der italienische Abenteurer ihn fast zur Abfassung zwingen müssen. Laube war 1834 wegen „burschenschaftlicher Umtriebe“ inhaftiert worden und hatte ein halbes Jahr im Gefängnis

313 Heinrich Laube: Erinnerungen. In: Ausgewählte Werke. A. a. O. Bd. 10, S. 202.
314 Heinrich Laube: Einleitung zu Monaldeschi. Ebd. Bd. 2, S. 17.

verbracht. Ohne Bücher und Schreibzeug den eigenen kreisenden Gedanken ausgeliefert, machte er hier die schwerste Zeit seines Lebens durch. Rückblickend schildert er diesen Zustand:

> „Man glaubt vielleicht, ich sei immer noch in besserer Lage gewesen als ein anderer, dessen Phantasie nicht so geübt worden. Der Schriftsteller könne deshalb leichter Gefangenschaft ertragen als zum Beispiel der Mathematiker. Ich glaube das nicht. Die Tätigkeit der Phantasie braucht mehr als irgend eine andere ihre Ableitung und ihre Grenzen, wenn sie nicht in ihrem Extreme untergehen soll. Ohne Ableitung und Grenzen werden die Einzelheiten unverhältnismäßig aufgeblasen: sie überfüllen allen Raum des Gehirns und ersticken den Gedanken. Es entsteht Phantasterei, fixe Idee, Irrsinn."[315]

In dieser Situation begegnet Laube seinem Helden Monaldeschi. Der Italiener drängt sich in Laubes Gedanken. Laube hat nicht die Möglichkeit, diese Gestalt aufs Papier zu bannen:

> „Wie eine Geistererscheinung stand er plötzlich vor mir und wankte und wich nicht. Er trug schimmernde Kleidung in Rot und Silber, und diese Kleidung war zerrissen durch Degenstiche, aber ein Tropfen Bluts war nirgends zu sehen, und die Schönheit des männlichen Antlitzes war nicht entstellt durch ein ironisches Lächeln, welches darauf festgegraben schien."[316]

Mit der Haftentlassung vergisst er den Begleiter seiner Gefängniszeit wieder. Als er erneut inhaftiert wird, kann der Gefängnisaufenthalt durch Vermittlung Varnhagens in einen bequemeren Hausarrest auf dem Schloss des Fürsten Pückler verwandelt werden, das für dunkle Spukgestalten keine Stätte bot. Zwar treibt Laube, der einen Zusammenhang zwischen Gefangenschaft und Nachdenken über dramatische Stoffe in sich festgestellt haben will, Studien über das bürgerliche Trauerspiel, Monaldeschi aber verschwindet auf Jahre aus seinem Gesichtskreis. Auch als Laube Jahre später in der Hirschgalerie von Fontainebleau den Ort sieht, wo Monaldeschi ermordet wurde, bleibt er gleichgültig:

> „Dort im Garten von Fontainebleau erschien mir Monaldeschi nur im Zusammenhange mit der glänzenden, von Intrigen, Abenteuern und mächtigen Zügen angefüllten Königsgeschichte Frankreichs. [...] Er hat sich eingedrängt durch bloße Persönlichkeit unter die Potentaten, und er hat mit ihnen gespielt. Man hat ihn ermordet. Nun, er hätte doch sterben müssen."[317]

---

[315] ebd. S. 5.

[316] ebd. S. 7.

[317] ebd. S. 36.

Erst 1840, zurückgekehrt an den ehemaligen Haftort Muskau, den er nun als freier Mann betritt, wird Laube eine eigentümliche Erfahrung zuteil: Gefängniserlebnis und Monaldeschi-Stoff, dramatische Studien und eigene Erfahrung vereinigen sich plötzlich, erscheinen nicht mehr als getrennte Einzelaspekte, sondern als Gesamtbild:

> „Nicht eine Erinnerung an etwas Einzelnes, an die Hirschgalerie in Fontainebleau, an das äußere Schicksal dessen, der dort zu Tode gebracht worden war. Nein, alle Epochen [...] drängten sich [...] in meinem Sinne zusammen. [...] es erschien das Gefängnis in der Hausvogtei, und der freie oder freche Charakter eines Menschen, der nicht bloß dulden, harren, beten will auf der haltlos schwankenden Woge des Lebens, sondern der mit dreister Persönlichkeit um jeden Preis erobern und herrschen, mächtig sein oder zertrümmert sein will."[318]

Innerhalb weniger Wochen schreibt er sein Stück nieder und verschickt es an dreißig deutsche Theater. Neunundzwanzig lehnen ab. Er hatte vergessen, seinen Namen anzugeben, und das anonyme Stück erregte wenig Interesse. Einzig die Stuttgarter Bühne nimmt „Monaldeschi" an, die Aufführung ist erfolgreich, weitere folgen. Ähnlich wie für Gutzkow stellt Mundt auch für Laube fest: „Am entschiedensten scheint Laube zu Arbeiten für das Theater begabt zu sein [...]."[319]

Der Erfolg ermutigte Laube zu weiteren dramatischen Produktionen. Doch das Lustspiel „Rokoko", auf das er sich viel zugute hält, hatte nur geringen Erfolg. Obwohl es wesentlich sorgfältiger gearbeitet ist als sein Vorgänger und Laube einige von ihm selbst konstatierte Mängel des „Monaldeschi" vermeidet, wie etwa die „Sprunghaftigkeit der Übergänge", hat es sich nicht durchsetzen können. Die Geschichte des „Rokoko" besteht aus einer langen Kette von Unglücksfällen. Geschrieben für einen Wettbewerb des Berliner Hoftheaters, erlitt es die erste Niederlage durch die Ungeduld des Verfassers, der bei der Einreichung um möglichst schnelle Rücksendung bat und es postwendend zurückerhielt. Zwar wurde es von einigen Theatern angenommen, doch Ausfälle von Schauspielern, überforderte Zuschauer, Protestaktionen gegen die „Immoralität" des Stückes verhinderten den Durchbruch. Einzige Ausnahme war Leipzig, wo es unter Leitung des Hauptdarstellers und Regisseurs Heinrich Marr alle Gegner überzeugte. Laube tröstete sich: „Was an einem Orte [...] dauernd zu bewirken gewesen ist, das muß doch wohl eine nicht unwesentliche Eigenschaft des Stückes sein."[320]

---

318 ebd. S. 38.

319 Theodor Mundt: Geschichte der Literatur der Gegenwart. A. a. O. S. 373.

320 Heinrich Laube: Einleitung zu Rokoko. In: Ausgewählte Werke. A. a. O. Bd. 2, S. 78.

In der Nachfolge Monaldeschis entstanden die Tragödien „Struensee“ und „Graf Essex“, beides Dramen um Helden vom Typus des abenteuerlichen, stolzen Günstlings und Aufsteigers, der von seiner Königin geliebt wird und durch diese Liebe stürzt. Vor allem „Struensee“, der das Jugendwerk „Monaldeschi“ weit hinter sich lässt, zählt zu Laubes besten Dramen und hat großen Erfolg gehabt. Wie Gutzkow wendet sich Laube neben historischen auch literaturgeschichtlichen Stoffen zu, zum Beispiel in dem Lustspiel „Gottsched und Gellert“. Eine Parallele zu Gutzkows „Königsleutnant“ bieten die „Karlsschüler“, ein Drama um den jungen Schiller, die Entstehung der „Räuber“ und die Flucht des Dichters aus Stuttgart.

Auch bei Laube entstehen die wichtigsten Dramen in den 40er Jahren, doch anders als Gutzkow bleibt er später, obwohl auch er umfangreiche Romane verfasst, weiterhin als Dramatiker tätig. Allerdings sind es nun vorwiegend Bearbeitungen bereits vorliegender Texte, die er für das Burgtheater einrichtet, Abschluss seiner Arbeit bildet die Fortsetzung des Schillerschen „Demetrius“ im Jahr 1872.

Anders als Gutzkow, der während seines gesamten Theaterschaffens immer wieder – positiv oder negativ – mit dem Begriff der „Tendenz“ in Verbindung gebracht wurde, scheint bei Laube eine solche Erwartung des Publikums weniger stark ausgeprägt zu sein. Es ist Gutzkow, der Gesinnungsbeifall wegen der Tendenz erhält, dessen Stücke Missfallen erregen wegen eines Mangels an Tendenz, der sich im Wullenweber-Vorwort gar öffentlich von ihr distanzieren muss. Für Laube dagegen gewinnt nach der jungdeutschen Zeit vor allem der eher staatstragende, stabilitätsstiftende Begriff der „Nation“ an Bedeutung. Besonders für die 40er Jahre stellt Jakob Karg fest, „welch eminente Rolle Laube [...] der Nationalität literarischen Schaffens zuspricht.“[321] So erscheint es nicht verwunderlich, dass es Laube ist, der sich von den vier Autoren am meisten für eine Idee begeistern kann, die die deutschen Literaten seit Generationen beschäftigte: die Schaffung eines deutschen Nationaltheaters.

---

321 Jakob Karg: Poesie und Prosa. Studien zum Literaturverständnis des Jungdeutschen Heinrich Laube. Bielefeld, 1993. S. 136.

VI. Wiener Dramaturgie

Als Dramatiker war Laube talentiert, seine Stücke hatten Erfolg und wurden oft gespielt. Vor allem zeichnet er sich gegenüber Gutzkow durch die Kontinuität und Geschlossenheit seines Werkes aus. Doch ist es nicht der Dichter Laube, dem man die größere Bedeutung zuschreibt, sondern der Theaterdirektor Laube, der als Leiter des Wiener Burgtheaters, des Leipziger und Wiener Stadttheaters Schöpfer eines neuen, modernen Theaters und Inszenierungsstils wurde. Georg Altmann beklagt sogar: „Daß man zur Feier seines 100. Geburtstages [...] den Direktor Laube mit dem Dichter Laube verwechselte und einige seiner Dramen zur Aufführung brachte, war wenig einsichtsvolle Pietät."[322]

Laubes eigener Darstellung zufolge war er sehr überrascht, als man ihm die Leitung des Burgtheaters antrug. Ähnlich seiner Dramatikerkarriere schildert er auch seinen Einstieg in die Theaterleitung als unverhofftes Ereignis: Zuschauer rufen bei der Aufführung der „Karlsschüler" immer wieder den Hauptdarsteller heraus, der aber darf der Burgtheatersitte folgend nicht vor den Vorhang treten. Schließlich betritt Laube die Bühne und beschwichtigt das Publikum: „So war ich aus dem Stegreif Direktor geworden; ja sie machten mich dazu. Niemand war überraschter davon als ich selbst."[323]

Liest man jedoch Laubes Aufsätze in der Augsburger Allgemeinen Zeitung, die den ersten Anstoß für seine Berufung lieferten, wird deutlich, dass er nicht nur allgemeine dramaturgische Ambitionen besaß, sondern bereits sehr konkret ein Auge auf das Burgtheater geworfen hatte. Diese „Briefe über das deutsche Theater" lesen sich wie eine Regierungserklärung des künftigen Burgchefs. So legt er im ersten Brief dar, dass ein deutsches Nationaltheater nur in einer wirklichen Hauptstadt gegründet werden könne, in einer Stadt mit zahlreichem Publikum aus den gebildeten Schichten, in der sich mannigfaltigste Einzelinteressen zu einer gemeinsamen Erfahrung vereinigen, einer Stadt mit großem Einzugsbereich und Publikum, die alle Voraussetzungen erfüllt, ein geistiges Zentrum Deutschlands zu bilden. Bei aller Achtung gegenüber kleinen und mittleren Bühnen wie Dresden oder Leipzig lässt er als Standort nur zwei

[322] Georg Altmann: Heinrich Laubes Prinzip der Theaterleitung. Ein Beitrag zur Ästhetik der dramatischen Kunst im 19. Jahrhundert. Dortmund, 1908. S. 3, Fußnote 5.

[323] Heinrich Laube: Das Burgtheater. In: Ausgewählte Werke. A. a. O. Bd. 4, S. 195f.

Städte gelten: Wien und Berlin, wobei er auf Berlin kaum eingeht. In jedem Falle benötige ein Nationaltheater den „Hintergrund eines mächtigen Reiches“[324], es sei „Notwendigkeit, das mögliche Nationaltheater nur da zu suchen, wo der historische Sieg, wo die unzweifelhaft größere politische Macht zu finden ist.“[325] Die Suche nach einem mächtigen Staat hat eine theaterpraktische Begründung, denn: „Wo der Sieg eingekehrt ist, da ist die Empfindlichkeit für unbequeme historische Erinnerungen, für unbequeme Erwähnung der Stammesunterschiede und Stammeseigenschaften verschwunden [...].“[326]

Neben der Hauptstadt mit ihren Vorzügen hat er nur eine einzige Bedingung für eine Theaterleitung, die ein Nationaltheater hervorbringen soll, nämlich die entsprechenden Befugnisse: „Der Dramaturg muß [...] die Machtstellung vorfinden, von welcher das Schauspiel wirklich geleitet wird. Er muß geistiger Monarch sein, keineswegs [...] ein Beamter, welcher nur den [...] geistigen Teil zu leiten hat.“[327] Anschließend legt er Pläne für das Repertoire vor und stellt Überlegungen zur Gewinnung neuer Schauspieler an. Vor allem letzteres traf genau den wunden Punkt des Burgtheaters, das zwar über ausgezeichnete Darsteller verfügte, dessen Ensemble jedoch hoffnungslos überaltert war. Der Dichter, der hier im Jahr 1848 die „Karlsschüler“ inszenierte, wurde bereits im Vorfeld gewarnt, „der jüngste von den Karlsschülern, die ich finden würde, habe ein halbes Jahrhundert gelebt.“[328]

Als ihm die Theaterleitung angetragen wird, hat er klare Forderungen. Er verlangt eine Machtposition, wie sie kein Wiener Theaterleiter vor ihm hatte, vor allem das Recht, allein über Besetzung und Auswahl der Stücke zu entscheiden. Weiterhin fordert er, Schauspieler selbständig auf ein Jahr engagieren zu dürfen, und besteht kompromisslos auf einer fünfjährigen Amtszeit, da er anfangs genötigt sei, sich Feinde zu machen: „Nach zwei bis drei Jahren bin ich im wesentlichen nur verhaßt – schaffen und mir Freunde erwerben kann ich erst im vierten und fünften Jahre.“[329] Das entschiedene Auftreten machte Eindruck, die Forderungen wurden widerstrebend, aber uneingeschränkt akzeptiert.

324 Heinrich Laube: Briefe über das deutsche Theater. In: Ausgewählte Werke. Bd. 4, S. 7.

325 ebd.

326 ebd. S. 7f.

327 ebd. S. 27.

328 Heinrich Laube: Das Burgtheater. In: Ausgewählte Werke. A. a. O. Bd. 4, S. 193.

329 ebd. S. 201.

Durch Inszenierungen seiner Stücke an verschiedenen Theatern scheint er sich bereits den Ruf eines rigoros durchgreifenden Menschen erworben zu haben. So rechnet Gutzkow, als er sich um den Posten des Dresdner Theaterleiters bewarb, für den auch Laube im Gespräch war, sich Chancen aus, denn für ihn spräche die „Abneigung der Schauspieler gegen Laube“ und „die Hoffnung aller am jetzigen Schlendrian Betheiligten, daß ich [...] milder zu Werke gehn würde.“[330] Gutzkows Anstellung war von kurzer Dauer. Laube dagegen regierte achtzehn Jahre lang die Burg, daraufhin kurzzeitig das Leipziger Theater und übernahm schließlich die Leitung des Wiener Stadttheaters, an dessen Gründung er maßgeblich beteiligt war. Wie sich das Zusammentreffen des ehemaligen Jungdeutschen mit der langjährigen österreichischen Theatertradition auswirkte, schildert William J. McGrath als Begegnung zweier sich ergänzender Kulturen:

> „It was Laube's *Burgtheater* that adapted the traditions of Vienna's old theatrical culture to the values of liberal culture, and this integration of the two cultures was of manifold significance to the future development of Austrian liberalism. Laube demonstrated that the theatrical tradition, used as a means of mobilizing the populace behind bourgeois ideologie, could be as powerful a force as it had been earlier in the service of crown, church, and nobility.“[331]

Zunächst bestand die tiefgreifendste Neuerung in einer Intensivierung des Probenwesens. Die bisherige Anzahl von maximal zwei Proben vor der Aufführung wurde erhöht auf fünf oder sechs. Schon die in den Briefen angeregte Einführung einer zweiten Leseprobe muss auf die Schauspieler beunruhigend gewirkt haben. Laube legt dar: „Daß im Ganzen mehr Proben sein werden, [...] ist außer Zweifel, denn in Deutschland werden jetzt immer noch zwei Dritteile der Stücke durch unfertige Vorbereitung verwüstet und verdorben.“[332] Anfangs ist die bisher sträflich vernachlässigte Neueinstellung wichtigste Beschäftigung Laubes. Zwar kann er nur auf ein Jahr berufen, doch gelingt es ihm stets, anschließend ein dauerhaftes Engagement seiner Schützlinge zu erwirken.

---

330 Zit. n.: Heinrich Hubert Houben: Gutzkow-Funde. Beiträge zur Litteratur- und Kulturgeschichte des neunzehnten Jahrhunderts. Berlin, 1901. S. 386f.

331 William J. McGrath: Heinrich Laube and the Vienna *Burgtheater*: Political Theater and Theatrical Politics. In: Giesela Brude-Firnau, Karin J. MacHardy [Hrsg]: Fact and Fiction. German History and Literature 1848-1924. Tübingen, 1990. S. 140f

332 Heinrich Laube: Briefe über das deutsche Theater. A. a. O. S. 47.

Im Widerspruch zur bisherigen Theaterpraxis setzt er weniger auf schauspielerisches „Genie“ als vielmehr auf solide handwerkliche Ausbildung und schulmäßiges Erlernen des Schauspielberufs. Die Ausbildung am Burgtheater gilt bald als vorbildlich. Sprachtraining auch für erfahrene Kräfte macht er zur Pflicht, und seinen eigenen Äußerungen zufolge wurde dies von den besseren Schauspielern dankend angenommen. Allerdings muss er auch berichten, dass das Publikum, als es während seiner Leipziger Zeit zum Eklat kommt, ausgerechnet die Entlassung des verhassten Sprachlehrers Stakosch fordert.[333]

Vor allem für ältere Schauspieler gibt es Veränderungen: Ihnen werden nun auch „ältere“ Rollen zugewiesen. Für Darsteller, die seit Jahrzehnten den „jugendlichen Liebhaber“ verkörperten, keine angenehme Veränderung. Laube bemüht sich zudem um eine Auflösung der traditionellen Rollenfächer und schafft so seinen Schauspielern eine neue Vielfalt an Ausdrucksmöglichkeiten. Im Repertoire setzt er, wie viele deutsche Theaterreformer vor ihm, auf Shakespeare, mit dessen „Julius Cäsar“ er seine erste Inszenierung als Theaterleiter vorlegt. Französische Stücke nimmt er vereinzelt auf, doch mit Vorbehalt. Sein Schwerpunkt liegt neben deutschen Theaterklassikern auf neu entdeckten älteren Dramen und auf der Suche nach neuen Stücken. Im Laufe seiner Tätigkeit wird er das ewige Vorurteil von Theaterkrisen und Mangel an deutschen Nachwuchsautoren gründlich widerlegen. Stolz berichtet er über den von ihm ausgeschriebenen Dramenwettbewerb des Jahres 1851: „Am Ende wälzte sich gar die Schlacht ins Reich hinaus. Jede Stadt wollte in der Lage sein, den Wiener Wahrspruch zu prüfen, jede Stadt wollte die Stücke sehen.“[334] Hebbel hat er wenig geschätzt, seine besondere Förderung dagegen genoss Grillparzer, dessen Wiederentdeckung vornehmlich Laubes Verdienst ist. Stolz ist er, wenn sich ein Drama dauerhaft als Repertoirestück halten kann. Sein ehrgeiziger Vorsatz:

> „Mein Ideal war, [...] jedem Gaste [...] sagen zu können: Bleibe ein Jahr in Wien und du wirst im Burgtheater alles sehen, was die deutsche Literatur [...] Klassisches oder doch Lebensvolles für die Bühne geschaffen; du wirst sehen, was Shakespeare uns Deutschen hinterlassen, wirst sehen, was von den romanischen Völkern unserer Denk- und Sinnesweise angeeignet werden kann.“[335]

---

333 Heinrich Laube: Das norddeutsche Theater. A. a. O. Bd, 6, S. 175.

334 Heinrich Laube: Das Burgtheater: A. a. O. Bd. 4, S. 242.

335 ebd. Bd. 4, S. 204f.

Im Umgang mit Zensoren erweist er sich als sehr geschickt. Schillers „Räuber", in Wien immer noch verboten, darf er aufführen, als er dem Zensor das Stück als Wohltätigkeitsveranstaltung anbietet und ihm seine Schauspieler vorführt, hochbetagte würdige Herren, denen man die Erfüllung dieses Jugendtraums nicht versagen kann, gewiss keine Revoluzzer. Und den Debit für Freytags „Graf Waldemar", in dem ein Adliger eine Gärtnertochter ehelicht, erhält er, als er seinem Vorgesetzten die Schauspielerin Marie Boßler vorstellt: „Exzellenz, sie ist einfach, aber im Hintergrunde merkt man den Adel; man glaubt, daß sie eine verkleidete Komtesse sein könnte."[336]

In seinen Inszenierungen legt er Wert auf natürliche Sprache und drängt den pathetischen Deklamationstonfall zurück. Er ist erbitterter Gegner der von Goethe propagierten Frontstellung der Schauspieler gegen das Publikum, seine Darsteller reden auf der Bühne miteinander, nicht in den Zuschauerraum hinein. In der Ausstattung bevorzugt er schlichte Dekorationen, man sagt ihm nach, er würde am liebsten auf einer fast leeren Bühne spielen lassen, nur rechts und links je ein Tisch mit zwei Stühlen daran. Berühmt wurde sein Einfall, allen Archäologen zum Trotz bei der Inszenierung von Grillparzers „Des Meeres und der Liebe Wellen" im Tempel eine Treppe zu errichten, „eine auch äußerlich hilfreiche Wirkung für die Seele der Hero, welche aufwärts ringt nach Vereinigung mit der entflohenen Seele Leanders."[337]

Hinsichtlich der Musik war Laube Purist, der für ein reines Sprechtheater eintrat. Musik wurde in die Zwischenakte verbannt, nur für die Umbauarbeiten, die nie länger als fünf Minuten dauern durften, war sie willkommen, um das Stimmungsniveau der Zuschauer zu erhalten. Längere Pausen vermied er und war bemüht, sein Publikum in Spannung zu halten. Wo das Stück nicht genug fesselte und das Zuschauerinteresse abzufallen drohte, half er notfalls durch Präsentation des Verfassers nach, wie bei der Aufführung von Gutzkows „Ella Rose": Das Publikum rief zu Beginn des Stückes den Dichter heraus, doch Laube fürchtete um die beiden letzten Akte:

> „Ich riet also Gutzkow, bis zum Schlusse des Stückes zu warten. Und diese Politik trug Früchte. Bis zum vierten Akte wirkte das Stück selbständig, dann sank die Wirkung; der Wunsch aber, den Dichter zu sehen, sank nicht, und so blieb der äußere Erfolg bis zum Schlusse ein beifälliger."[338]

---

336 ebd. Bd. 5, S. 67.

337 ebd. S. 7.

338 ebd. S. 127.

Laubes letztes Theater ist das Wiener Stadttheater. In gewisser Weise wird mit der Gründung dieses Theaters ein altes jungdeutsches Ideal verwirklicht. Nicht ein Hoftheater sollte entstehen, sondern das Volk selbst gibt sich sein Theater. Wien ist eine reiche Stadt, Geld ist schnell beisammen, Logen und Sitze werden erworben, und Laube kann die Arbeit aufnehmen. Es gelingt ihm sogar, das Burgtheater zu überflügeln: Während der Wiener Weltausstellung strömen Touristen ins „Laubetheater", kaum einer verirrt sich in die Burg. Doch das bürgerliche Stadttheater nimmt ein durch und durch bürgerliches Ende. Der Reichtum der Wiener löste sich im Mai 1873 auf. Es hatte einen Börsencrash gegeben:

> „Ich kann nicht sagen, daß uns dies einen besonderen Eindruck gemacht hätte [...]. Was kümmerte uns die Börse! [...] Wir waren so naiv, gar nicht daran zu denken, daß die Stiftung unseres Theaters gerade darum so rasch von statten gegangen war, weil die Börse ringsum Gold ausstreute, daß unsere Gründer zu guten Teilen aus Leuten bestanden, welche dies Börsengeld für unsre Stiftung hergegeben, also gerade unser Theater wohl einen Zusammenhang hatte mit der Börse."[339]

In den folgenden Monaten sind Laube und seine Mitarbeiter mehr mit Nationalökonomie als mit dem Theater beschäftigt. Am 15. September 1874 gibt er seine Abschiedsvorstellung. 1875 wird noch einmal eine Theaterleitung Laubes im Stadttheater möglich, vier Jahre später muss er erneut um Entlassung bitten, letztmalig leitet der 74-Jährige sein Theater für wenige Monate im Jahr 1880. Als ein Brand im Mai 1884 das Theatergebäude zerstört, ist es Laube, der eine Bittschrift an die Öffentlichkeit verfasst und so das frühere Scherzwort bewahrheitet, er würde für das Stadttheater, wenn es sein muss, betteln gehen. Drei Monate später stirbt er als letzter der fünf Verbotenen von 1835 und als derjenige von ihnen, der sein Leben am konsequentesten dem Theater gewidmet hat.

War die Wende von der Prosa zum Drama erfolgreich? Für Mundt und Wienbarg lässt sich die Frage eindeutig verneinen. Der Erfolg Gutzkows und Laubes, als der beiden Hauptvertreter eines „jungdeutschen" Dramas, ist weniger klar zu beziffern. Heutzutage werden die Werke beider Autoren kaum noch aufgeführt, in Literaturgeschichten werden sie kaum besprochen, lediglich in Schauspielführern sind vereinzelt „Uriel Acosta" oder „Struensee" zu finden. Wer Erfolg mit Dauerhaftigkeit gleichsetzt, muss die Werke beider Autoren als Fehlschlag bezeichnen. Ähnliches gilt für Literaturwissenschaftler, die auf der Suche nach literarischen Innovationen sind. Hier

339 Heinrich Laube: Das Wiener Stadttheater. A. a. O. Bd. 7, S.123.

erweisen sich Autoren wie Büchner oder Grabbe, die in Literaturgeschichten zumeist das jungdeutsche Drama repräsentieren, als ergiebiger. Verglichen mit ihrer Prosa ist das Drama der Jungdeutschen recht traditionell, um nicht zu sagen: epigonal, geblieben.

Der Erfolg Gutzkows und Laubes war groß, betrachtet man die Wirkung auf das zeitgenössische Publikum. Beide Autoren hatten ihre Karriere begonnen als „Zeitschriftsteller“, die auf die gegenwärtige, aktuelle Leserschaft wirken wollten, und beide blieben auch auf der Bühne diesem Konzept der „Gegenwärtigkeit“ treu. So unterschiedlich beide Autoren auch waren – Gutzkow, der Zeit seines Lebens der „Tendenzdichter“ blieb, oder Laube, der sich zwar um die Abfassung von klassischen, „zeitlosen“ Stücken bemühte, aber als Theaterdirektor ausschließlich das Hier und Jetzt der Inszenierung vor dem aktuell im Theater anwesenden Publikum im Auge hatte – beide zählten zu den bekanntesten Dramatikern ihrer Zeit und konnten auf volle Häuser rechnen.

So blieb ihr Drama, ähnlich wie ihre Prosa, ein zeitgenössisches. Ein Ideal, das Mundt, zumindest für die Jungdeutschen, immer wieder trotzig, selbstironisch, manchmal auch resignativ beschrieb: „Ich glaube an keine ewige Dauer des Kunstwerks. Es ist auf die Woge seiner Zeit geschrieben, es ist den Stürmen der Geschichte und der Umwälzung der Gesinnungen unterworfen.“[340] Kein ewiger Theaterruhm also, aber ein zeitlicher. Keine „dramatischen“ Neuerungen, dafür sehr viel Konsequenz.

[340] Theodor Mundt: Werke. Mit Biographie. Hildenburghausen, o. J. S. 59.

Der jungdeutsche Demetrius

Zur Fortsetzung des Schillerschen Fragments
durch Gustav Kühne und Heinrich Laube

Anders als in der bildenden Kunst, die dem Torso durchaus einen eigenen Stellenwert einräumt, haftet dem literarischen Fragment etwas Unbefriedigendes, manchmal sogar Anrüchiges an. Fragmente antiker Dichter erinnern auf schmerzliche Weise an das ehemals vollständige Werk, unvollendete Texte moderner Autoren dagegen haben zumeist den unangenehmen Beigeschmack von Scheitern und mangelndem Durchhaltevermögen. Schillers „Demetrius“ ist durch den frühen Tod des Verfassers Fragment geblieben, der Vorwurf eines Charakterfehlers trifft demnach zumindest im Falle dieses Bruchstücks nicht zu.

Trotz seines geringen Umfangs erwies sich das Demetrius-Fragment als ähnlich problematisch wie der andere Extremfall eines Klassikernachlasses, der ebenfalls postum erschienene „Faust II“. Goethe hinterließ mit seinem insgesamt 12.111 Verse umfassenden Gesamtkunstwerk ein komplettes Weltmodell und schloss eine ihn jahrzehntelang begleitende Geschichte fast zeitgleich mit dem eigenen Leben ordnungsgemäß ab. „Faust II“ hat Befremden ausgelöst, zum Teil Enttäuschung oder heftige Diskussionen, aber im Großen und Ganzen war man doch einig, hier habe jemand eine Rechnung sauber zu Ende gebracht.

Schiller dagegen hinterließ eine Lücke. Wo „Faust II“ Abschluss und Antwort war, ist hier im Nachlass nur eine Frage zu finden, vielleicht die ungleich größere Herausforderung an Phantasie und Kreativität der Nachfolger. Und hierin liegen auch die Stärken des Fragments gegenüber dem abgeschlossenen Werk begründet. Denn während es nach Goethe kaum mehr möglich war, einen neuen Faust zu schreiben, wurde Schillers Fragment Ausgangspunkt einer langen Tradition deutscher Demetrius-Dramen, zum Teil direkter Fortsetzungen Schillers, zum Teil auch eigenständiger Texte, die aber, direkt oder indirekt, durch Schiller beeinflusst sind. Walter Flex, der vor seiner Dissertation über Demetrius-Dramen selbst einen „Demetrius“ verfasst und aufgeführt hatte, wusste aus eigener Erfahrung über diese Wirkung des Fragments auf die späteren Dichter zu berichten:

> „Und das ist, was am tiefsten und mächtigsten gewirkt hat, daß der Schillersche Demetrius Fragment bleiben mußte und gleichsam als ein mahnendes, Vollendung heischendes Vermächtnis auf die Nachfahren überging. Seit Schillers Tode ist dieses unausgeglühte Geistesschwert gleichsam von Schmiede zu Schmiede gewandert und hat Meister und Schüler

zum Nachschaffen angeregt wie ein von Geschlecht zu Geschlecht vererbter Damaszenerdegen, dessen Herstellungsgeheimnis unserer Zeit verloren ging."[341]

Neben dem Zauber erkennt Flex auch durchaus das Unheimliche dieses Nachlasses: „Eine gefährliche Erbschaft"[342] nennt er Schillers „Demetrius", der außer im rein Stofflichen auch im Formalen auf die nachfolgenden Dichter gewirkt hat. Denn das Fragment erwies sich als derart prägend für die Tradition der Demetrius-Dramen, dass selbst den fertig gewordenen Stücken immer noch etwas Fragmentarisches innewohnt.

Kann, soll und darf man ein unvollendetes Werk eines bedeutenden Künstlers fortsetzen? Oder muss man es sogar, als letzten Dienst an dem Verstorbenen vielleicht, oder zum Wohle des deutschen Volkes und der Literatur? Wer sich an die Fertigstellung des „Demetrius" heranwagt, tut jedenfalls gut daran, möglichst ein solch edles Motiv in den Vordergrund zu rücken, bevor man ihm etwa Geltungssucht oder Größenwahn unterstellt. Gerade ein Drama bedürfe auf jeden Fall der Fertigstellung, argumentieren Fortsetzer Schillers wie Gustav Kühne im Hinblick auf eine mögliche Bühnenrealisation und halten denjenigen Puristen, die darauf bestehen, „der Torso müsse Torso bleiben", entgegen:

> „Kann das Grundsatz sein im Bereich der Plastik, so hat es noch nicht Geltung für die Bühne; denn die dramatische Kunst kann nur ganze Gestalten vorführen, und unser deutsches Nationaltheater ist an heimischen Dramen höhern Styles nicht so überreich, um ihm eine lebensfähige Schöpfung vorzuenthalten."[343]

Dass eine Fortsetzung Schillers von ihrem Verfasser nicht nur ein ausreichendes Selbstbewusstsein und literarische Befähigung verlangt, macht Heinrich Laube deutlich. Der Vergleich mit dem Klassiker müsse notwendigerweise zu ungunsten des Fortsetzers ausfallen, selbst wenn der Schluss noch so gut gelungen sei:

---

341 Walter Flex: Die Entwicklung des tragischen Problems in den deutschen Demetriusdramen von Schiller bis auf die Gegenwart. Erlangen, 1912. S. 8.

342 ebd.

343 Gustav Kühne: Demetrius. Tragödie in fünf Acten, für die Bühne bearbeitet. In: Schiller-Buch. Dresden 1860. S. 3f. (Uraufführung: Leipzig, Januar 1857.) Vorwort, S. 3.

> „Die Arbeit ist unter allen Umständen undankbar. Nicht gerade im Theater, aber gegenüber der Kritik. Wer von Talent hat die Entsagung, nur dem Theater zu nützen, sich selbst aber auszusetzen, auch wenn er im Theater zur Noth befriedigte!“[344]

Die Meinungen darüber, welcher Dichter der geeigneteste zur Fortführung des Fragments sei, gehen auseinander. Sowohl der unselbstständige Kopist als auch das herausragende Dichtergenie erscheinen als Fortsetzer untauglich. Denn zweifellos kann ein geschulter Nachahmer, also ein „Talent“, Schillers Stil zu hundert Prozent kopieren, doch woher sollte ein solcher Nachahmer die nötige Schöpferkraft nehmen, um eine wirklich große Tragödie zu schaffen? Ähnlich unpassend aber ist der Ruf nach einem wirklichen Dichtergenie. Denn Genies sind nun einmal geschlagen mit einem ununterdrückbaren künstlerischen Eigenwillen, und wie könnte sich ein solches Genie so weit zurücknehmen, nicht den eigenen, sondern Schillers Text zu schreiben? Hebbels Kriterium zur Unterscheidung von Talent und Genie bestand geradezu in der Erklärung eines Mangels, den jedes Genie aufweisen müsse:

> „Der mittelmäßigste Poet, der die Abendröte besingt oder ein Sonett auf einen Maikäfer macht, würde es zu einem Gedicht, wie Schillers Spaziergang oder seine Glocke bringen, wenn seine Kraft millionenfach verstärkt würde; Schiller selbst aber würde nie einen Fischer oder einen Erlkönig erzeugen.“[345]

Die beiden prominentesten Fortsetzer mussten dieser Definition zufolge fast zwangsläufig scheitern: Goethe hat zwar mit dem Gedanken gespielt, den „Demetrius“ fertigzustellen, um die fruchtbare Zusammenarbeit mit Schiller „dem Tode zum Trutz, fortzusetzen, seine Gedanken, Ansichten und Absichten bis in's Einzelne zu bewahren, und ein herkömmliches Zusammenarbeiten bei Redaction eigener und fremder Stücke hier zum letztenmal auf ihrem höchsten Gipfel zu zeigen.“[346] Doch kam er hierin über die gute Absicht nicht hinaus und lieferte somit, gemäß der Hebbelschen Forderung, den besten Beweis, dass er ein Genie war. Und Hebbel selbst, das eigenwillige Genie, das „Schillers *Ziel* ohne Schillers Weg“[347] erreichen wollte, starb, wie

344 Heinrich Laube: Demetrius. Historische Tragödie in fünf Acten. Mit Benutzung des Schiller'schen Fragments bis zur Verwandlung im zweiten Acte. In: H. L.: Dramatische Werke. Bd. 12. Leipzig, 1872. (Uraufführung: Leipzig, 1869.) Vorwort, S. VI.

345 Friedrich Hebbel: Werke. Hrsg. v. Gerhard Fricke, Werner Keller und Karl Pörnbacher. München, 1967. Bd. 5, S. 10. (Eintrag Nr. 4353.)

346 Johann Wolfgang von Goethe: Werke. Hrsg. im Auftrage der Großherzogin Sophie von Sachsen. I. Abteilung, 35. Bd. Weimar, 1892. S.191.

347 Hebbel an Karoline Sayn-Wittgenstein. In: Friedrich Hebbel: Werke. A. a. O. S. 808.

Schiller, bei der Abfassung seines „Demetrius“. Das kann man durchaus als einen Akt von Kongenialität gelten lassen. Doch der Schillersche „Demetrius“ blieb weiterhin unvollendet.[348]

*

Karl Gutzkow wagte sich als erster Jungdeutscher an den Stoff eines falschen Herrschers im alten Russland heran. Doch hier ist es nicht der „getäuschte Betrüger“ Demetrius, der bis zu einem gewissen Punkt selbst von der Richtigkeit seines Herrschaftsanspruchs überzeugt ist, nein, es ist der Kosak Pugatscheff, den Gutzkow zum Helden seines Dramas macht. Pugatscheff tritt im Aufstand der Kosaken als Zar Peter auf, über dessen Tod im Volk ohnehin Zweifel herrschten. Seine Motive – Kampf um die Freiheit seines Volkes – sind edel, doch anders als Demetrius weiß dieser falsche Kaiser jederzeit, dass er ein Betrüger ist. Gutzkow machte hier also einen Menschen zum Helden seines Dramas, der eher dem Schillerschen „Warbeck“ verwandt ist, einem Stoff also, den der Klassiker seinerzeit zugunsten des edleren und reineren „betrogenen Betrügers“ Demetrius aufgab.

Schon in den Eingangsszenen wird klar, dass es bei diesem falschen Herrscher um einen gezielten Betrug geht. Mehr noch: Es geht darum, einen Popanz aufzurichten, einen Strohmann auf den Schild zu heben, und es ist vollkommen egal, welcher der Anwesenden diese Rolle spielt, wenn nur ein „Zar Peter“ vorgezeigt werden kann. Das Vorbild des historischen Demetrius liefert den Köpfen des Kosakenaufstands dazu die Idee: „Es hat auf diesem Grund Demetrius/ Den Thron des Boris Godunof erschüttert“[349], so die Erinnerung des Borotin, als der Pope Sergius seinen Plan entwickelt. Wie gleichgültig es ist, wer in diesem Betrug nun als Zar auftreten wird, macht der Geistliche brutal offen und ohne jeden salbungsvollen Sermon deutlich:

„Loginoff.
Ei nun, so gebt uns diesen Czaar!
Sergius.
Ihn geben?

[348] Unter den wenigen Belegen einer deutschen Demetrius-Tradition findet sich (neben einem ungedruckten „Originaltrauerspiel“ von Kotzebue) lediglich ein Boris-Fragment von Jakob Michael Reinhold Lenz aus der Mitte der 1780er Jahre. Es stellt sich die Frage, ob es für einen „genialen“ Dramatiker überhaupt möglich ist, ein wie auch immer geartetes Demetrius-Stück fertigzustellen.

[349] Karl Gutzkow: Pugatscheff. Trauerspiel in fünf Aufzügen. In: Karl Gutzkows Dramatische Werke. Vierter Band. Leipzig, 1847. S. 24.

> Nehmt ihn Euch selbst! Nehmt ihn aus leerer Luft!
> Pflückt ihn wie einen Zweig vom nächsten Baum!
> Da sind die Würfel! Wählt ihn aus Euch selbst!“[350]

Einzig der brave Pugatscheff zweifelt an der Richtigkeit dieses Vorgehens. „Der Würfel soll ein Herrscher sein der Welt?“, bringt er zögernd hervor. Doch ausgerechnet ihn kürt das Würfelglück schließlich zum falschen Zaren, und als neuer Demetrius steht er bald an der Spitze der Aufständischen und marschiert gen Moskau.

*

Die Demetrius-Dramen Gustav Kühnes und Heinrich Laubes zeichnen sich weniger durch ihre herausragende Genialität aus, als vielmehr dadurch, dass hier zwei nicht gänzlich untalentierte Autoren etwas zustandebringen, woran sowohl Schiller als auch Goethe und Hebbel scheiterten: einen Demetrius fertigzustellen. Beides sind Stücke, die auf Schillers Fragment aufbauen, beide Verfasser haben als ehemalige Angehörige des Jungen Deutschlands dieselben literarischen Wurzeln. Beide Stücke, so gegensätzlich sie auch sein mögen und so unterschiedlich die Herangehensweise an Schillers Text erscheint, gehören eng zusammen und können kaum getrennt voneinander betrachtet werden.

Gustav Kühne und Heinrich Laube, beide Jahrgang 1806, gehörten zusammen mit dem zwei Jahre jüngeren Theodor Mundt in den 30er Jahren dem „Berliner Zweig“ des Jungen Deutschlands an. Mundt und Kühne hatten in Berlin studiert, während Laube nach seinem Studium in Halle und Breslau mit der Stadt Berlin vor allem durch seinen dortigen Gefängnisaufenthalt wegen „burschenschaftlicher Umtriebe“ verbunden ist. Wie ihre jungdeutschen Kollegen in Frankfurt, Karl Gutzkow und Ludolf Wienbarg, traten auch sie in ihren Zeitschriften und Romanen für politische und gesellschaftliche Freiheit ein, für Abschaffung der Zensur und Emanzipation der Frauen, der Juden und des Fleisches, galten jedoch insgesamt als etwas gemäßigter als die radikaleren Frankfurter Jungdeutschen. Das Verbot des Jungen Deutschlands durch den deutschen Bundestag im Jahre 1835 traf daher die Berliner etwas weniger hart, zumal diese durch einflussreiche Vertreter des preußischen Adels und erfahrene Diplomaten einen gewissen Schutz genossen. Während Karl Gutzkow seine Haftstrafe für die Abfassung der skandalösen *Wally* im Mannheimer Gefängnis verbringen musste, wo ihm als Lesestoff „höchstens einige an die Wand gekritzelte Verwün-

[350] ebd. S. 25.

schungen der Langeweile oder einige in die Fensterscheiben geschnittene Sprüche zahlloser unbekannter Namensinschriften"[351] zur Verfügung standen, war es dem Einfluss Varnhagens von Ense zu verdanken, dass Laubes Haft in einen bequemen Hausarrest auf dem Schloss des jungdeutschen Sympathisanten Fürst Pückler umgewandelt wurde. Laube fand hier Muße und Material genug, um seine vierbändige Literaturgeschichte zu schreiben. Gustav Schlesier, Laubes rechte Hand, wurde von Varnhagen an Alexander von Humboldt vermittelt und wurde zum ersten Biographen Wilhelms von Humboldt. Und während Ludolf Wienbarg von Frankfurt aus immer weiter nordwärts getrieben und aus einer Stadt nach der anderen ausgewiesen wurde, bis er schließlich ein Exil auf der Insel Helgoland fand, blieb Mundt in Berlin, wo er zwar seine Professur verlor, aber immer noch unter der Ägide Varnhagens als Herausgeber des Knebel-Nachlasses weiterarbeiten konnte. Gustav Kühne war von dem Verbot nicht betroffen, war jedoch mit dem gleichfalls nicht verbotenen Ludwig Börne darüber einig, dass man den Kampf fortsetzen müsse:

> „Wir sind alle dabei beteiligt, das ganze Deutschland, die gesamte deutsche Jugend wird in diesen Fünfen geschädigt, mißhandelt, gekreuzigt; darum sollen und müssen wir alle, in denen noch ein Tropfen Jugendblut ist, uns ihnen anschließen, auf daß der Bund eines „Jungen Deutschlands" immer weiter um sich greife."[352]

Und Kühne tritt das Erbe auch tatsächlich an. Er übernimmt im Jahre 1835 die Leitung von Heinrich Laubes „Zeitung für die elegante Welt", die Laube 1843 von ihm in gutem Zustand wieder zurückerhält. Dass Laube und Kühne in dieser Zeit als relativ einig und gegeneinander austauschbar empfunden wurden, zeigt noch ein Bonmot, das uns Theodor Fontane zu diesem neuerlichen Wechsel an der Spitze der „Eleganten" überliefert: „Was sich Kühne nicht erkühnte,/ wird sich Laube nicht erlauben."[353] Im Revolutionsjahr 1848 schließlich treffen sich beide in Frankfurt wieder, Laube als gewählter Abgeordneter der Nationalversammlung, Kühne als Herausgeber der Zeitschrift „Europa", der die Arbeit des Parlaments kritisch begleitet.

Auffallend ist, dass die Autoren des Jungen Deutschlands, dessen Name fast ein Synonym für einen unverwechselbaren Prosastil war, sich nach dem Verbot verstärkt

---

351 Karl Gutzkow: Gesammelte Werke. Bd. 4. Frankfurt/M., 1845. S. III.

352 Ludwig Börne: Sämtliche Schriften. Neu bearbeitet und hrsg. von Inge und Peter Rippmann. Düsseldorf, 1964-68. Bd. 5, S. 781.

353 Theodor Fontane: Von zwanzig bis dreißig. Hrsg. v. Kurt Schreinert und Jutta Neuendorff-Fürstenau. In: Th. F.: Sämtliche Werke. Bd. XV. München, 1967. S. 93.

dem Drama zuwenden. Heinrich Laube, der 1850 Direktor des Wiener Burgtheaters wurde, ist heute als Dramatiker bekannter als durch seine Romane oder Reisebeschreibungen. „Am entschiedensten scheint Laube zu Arbeiten für das Theater begabt zu sein“[354], prophezeite Mundt bereits 1842. Gutzkow verfasst in den 40er Jahren über zwanzig Dramen, und schon in der *Geschichte der Literatur der Gegenwart* legt Theodor Mundt größeres Gewicht auf Gutzkows *Nero* als auf die *Wally* und stellt auch hier fest: „Das große praktische Talent Gutzkows scheint ihn vorzugsweise einer erfolgreichen Thätigkeit für das Theater zu überweisen [...].“[355]

Es ist nicht mehr einigendes Interesse einer Gruppe, sondern die Handlung eines einzelnen Individuums, was jeden von ihnen unabhängig von den anderen den Schritt von der Prosa zum Drama vollziehen lässt. Und wenn auch der eine oder andere weiterhin noch Romane schreiben wird (wie die dickleibigen späten Romanprojekte Mundts und Gutzkows), so bedeutet doch dieses Übergehen zu einer neuen Form einen endgültigen Schlussstrich unter das Junge Deutschland.

*

Auch der späte Gustav Kühne hat sich als Dramatiker versucht, wenn auch mit geringerem Erfolg als seine ehemaligen Kollegen Gutzkow und Laube. Über seine Tragödie „Die Verschwörung von Dublin“ schreibt der ansonsten recht gut mit Kühne befreundete Friedrich Hebbel, sie sei eine „scheußliche Nachgeburt des Egmont und des Fiesco“, und beschwert sich: „Zum Schluß vier Verwandlungen; vom Handwerk so wenig ein Begriff wie von der Kunst. Und das ergreift Schillers niedergelegte Feder und setzt den Demetrius fort.“[356]

Der Demetrius Gustav Kühnes scheint jedoch einigen Erfolg beim Publikum gehabt zu haben. Uraufgeführt im Januar 1857 in Leipzig erlebte das Stück insgesamt sieben Aufführungen in Leipzig, Weimar, Dresden und Berlin, bevor es in Druck ging. Die Tantiemen dieser Aufführungen, einen Betrag von insgesamt 100 Talern[357], ließ Kühne der im Jahre 1859 gegründeten Schiller-Stiftung zukommen, dem Zweck der Stiftung gemäß zur „Unterstützung hilfsbedürftiger Schriftsteller und Schriftstellerinnen, welche sich dichterischer Formen bedient und zur Bildung und geistigen Erhebung

[354] Theodor Mundt: Geschichte der Literatur der Gegenwart. Leipzig, 1841. S. 373.

[355] ebd. S. 379.

[356] Friedrich Hebbel: A. a. O. Bd. 5, S. 375f.

[357] vgl. Rudolf Goehler: Die Deutsche Schillerstiftung. Bd. I: Geschichte der Deutschen Schillerstiftung. Berlin, 1909. S. 436.

der deutschen Nation beigetragen haben, sowie ihrer Hinterbliebenen."[358] Und auch der im Jahr 1860 als „Schiller-Buch" gedruckte „Demetrius" kam der Nationallotterie zur Finanzierung dieser Stiftung zugute. Wieder trifft Kühne auf ehemalige Jungdeutsche. Denn Vorstandsmitglied und stellvertretender Vorsitzender der Stiftung war zu dieser Zeit Karl Gutzkow, und der inzwischen verarmte und ins Elend geratene Ludolf Wienbarg erhielt 1868 durch eine ehrenvolle Pension von der Schiller-Stiftung eine verspätete Genugtuung. Die Einnahmen aus dem „Demetrius" hätten aus jungdeutscher Sicht also kaum besser angelegt werden können.

Kühne betont im Vorwort, es sei ganz sicher nicht Größenwahn gewesen, der ihn getrieben habe, den „Demetrius" fertigzustellen. Ausdrücklich möchte er hier nicht als eigenständiger Dramatiker auftreten, sondern er betrachtet sich eher als eine Art Testamentsvollstrecker Schillers: „Das Fragment des Dramas zu vervollständigen, heißt nicht sowohl sich selbst für fähig erklären, das Vermächtnis anzutreten, als vielmehr der deutschen Bühne zum Antritt dieser Erbschaft zu verhelfen."[359] Sehr deutlich distanziert er sich von seinem Vorläufer Franz von Maltitz, der 1817 als erster eine Fortsetzung des „Demetrius" versucht hatte. Er möchte aber auch selbständige Demetrius-Dramen wie die von Hermann Grimm und Friedrich Bodenstedt nicht gelten lassen, sie seien „Unrecht und Verkennung Angesichts der Bedeutsamkeit des Schiller'schen Nachlasses"[360].

Schon bei einer Rezension Bodenstedts aus dem Jahr 1856 macht Kühne deutlich, dass er eigentlich gar keine eigenständigen Demetrius-Bearbeitungen dulden möchte, und misst, völlig ungerechtfertigt, den eigenständigen Bodenstedt-Demetrius, der von dem Fragment gar nicht ausging, daran, wie gut oder schlecht der Verfasser den Schillerschen Grundgedanken verstanden und ausgeführt habe. Dass Bodenstedt bei diesem Vergleich den Kürzeren ziehen musste, überrascht nicht. Kühne klagt:

> „Bodenstedt hat etwas ganz Anderes, etwas ganz Neues geliefert; aber Schillers riesenhafte Bruchstücke ragen mit ihren aufstrebenden, unfertig gebliebenen Säulen neben der neuen Arbeit wie hieroglyphische Zeugen hinweg, die ein späteres Geschlecht sich nicht einmal mehr deuten zu können, oder zu wollen scheint."[361]

---

358 Satzung der Schiller-Stiftung. Abgedruckt in: Rudolf Goehler: A. a. O. Bd. I, S. 4

359 Gustav Kühne: Demetrius. A. a. O. S. 4.

360 ebd.

361 Gustav Kühne: Bodenstedts Demetrius und der Schillersche Entwurf. In: Europa 8, 1956. Sp. 193f.

Dennoch betont Kühne, dass er, bei aller Ehrerbietung gegenüber dem Verfasser des Fragments, unter keinen Umständen von seinen eigenen ästhetischen Grundsätzen abweichen will. Und so kann er auch ziemlich kritisch die Vorarbeiten Schillers mustern und dabei aussondern, was für seine eigene Fortsetzung nicht zu gebrauchen ist:

> „Schillers Entwurf [...] leidet an Überladungen. Weiten sich in einem gothischen Dome die Nebenschiffe und Seitenkapellen dergestalt aus, daß sie das Hauptschiff des Gebäudes drücken, so darf man auf einen Fehler im Grundriß schließen. Wer den Bau zu Ende führen will, muß, auch wenn seine Pietät vor dem großen Meister einen Kampf zu bestehen hätte, bei der Ermöglichung des Ganzen diese Einsicht in den Fehler des Grundplans vorwalten lassen."[362]

Schillers Entwurf also leidet nach Kühnes Einsicht an Überladungen. Eine Feststellung, die Kühne bereits in der Bodenstedt-Rezension getroffen hatte. Die „lyrischen Episoden", wie beispielsweise die Szenen um Lodoiska oder die Liebesbeziehung zwischen Axinia und Romanow, werden daher von Kühne kurzerhand gestrichen: „Sollte das Stück nicht ebenfalls wie Wallenstein zu einer Trilogie werden, so mußte hier strengste Enthaltsamkeit vorwalten."[363] Wie sehr Demetrius-Tragödien ausufern können, sah schon Schiller, als er im Szenar unter der Überschrift „Gegen das Stück läßt sich anführen" als Punkt 5 vermerkte: „Die Größe und der Umfang, daß es kaum zu übersehen."[364] Maltitz in seiner Fortführung Schillers versucht gar nicht erst, mit fünf Akten auszukommen, und auch Friedrich Hebbel „erschleicht" sich durch sein „Vorspiel zu Sendomir" einen sechsten Akt.

Kühne dagegen streicht den „lyrischen Überschuss" Schillers auf das Nötigste zusammen, und auch die Rolle der Marina fällt um einiges schmaler aus als bei Schiller vorgesehen. Denn Kühne vertritt die Überzeugung, man müsse das Publikum so lange an die Echtheit des Helden glauben lassen, wie auch Demetrius an sich selbst glaubt. Mit einer solchen Intrigantin wie Marina an seiner Seite aber verliere der junge Prätendent unnötigerweise an moralischem Kredit beim Zuschauer. Unter anderem verschwindet daher (wie auch später bei Laube) das Gespräch zwischen Marina und

---

362 Gustav Kühne: Demetrius. A. a. O. S. 5.

363 ebd. S. 6.

364 Schillers Werke. Nationalausgabe. Weimar, 1943ff. Elfter Band: Demetrius. Hrsg. von Herbert Kraft. Weimar, 1971. S. 179.

ihrem Vater, in dem die Zarin in spe ihr Reich um einen Teil des polnischen Herrschaftsbereiches erweitern möchte.[365]

Ein zweiter wichtiger Kritikpunkt, der eng mit Schillers Auffassung der Marina zusammenhängt, ist, dass bei Schiller nicht nur die Gestalt des Boris fehlt, sondern auch der „Fabricator doli“. Kühne ist geradezu verärgert, dass Schiller zwar eine Marina geschaffen, den eigentlichen Drahtzieher jedoch noch nicht einmal ansatzweise entworfen habe. Er stellt als einen generellen Mangel Schillers fest:

> „Schiller ist nicht stark in der Zeichnung der Genesis des Bösen. Mit Ausnahme des Franz Moor, der doch nur in einem Abbilde Shakspear'scher Gestalten besteht, sind seine Alba, Domingo, Geßler gegen die Träger seiner Ideale gehalten, fast nur Schatten, denen das Blut fehlt, oder episodische Beiläufer. Schiller [...] ist [...] auch nicht immer stark in der dramatischen Intrigue, und im Demetrius hat er sich in der Intrigue – sollen wir sagen: übernommen oder vergriffen, indem er die Seele eines Weibes damit behaftet und den eigentlichen Factor des Bösen, denjenigen, der den falschen Dimitri hinstellt und der Welt diesen ungeheuren Betrug spielt, nur so obenhin und nebensächlich behandelt als sei diese Schraube, um die sich das ganze Triebwerk dreht, nur sehr beiläufig einzufügen.“[366]

Dieser Machinator, dem Kühne in der Nachfolge des ungeliebten Bodenstedt den Namen Jessimoff gegeben hat, ist die Zentralfigur des dritten Aktes, der auf die fast unverändert übernommenen beiden Schiller-Akte folgt. Bereits die erste Reaktion des Boris beim Herannahen der polnischen Truppen ist die Anweisung an seine Wachen: „ruft mir den Jessimoff.“[367] Kühnes Jessimoff hat sechzehn Jahre im Kerker gesessen. Er war derjenige, den Boris als Mörder nach Uglitsch schickte. Jessimoff ist weniger eine herausragende, genialisch angehauchte Verbrecherpersönlichkeit, als vielmehr ein kleiner Krimineller, der sich aufgrund seines Mordes eine unangenehm plumpe Vertraulichkeit gegenüber Boris herausnimmt. „Halb Part, Gesell'“[368] fordert er im Stück mehrfach vom Zaren und hätte damit sicher auch gemütlichere Naturen als den Usurpator gegen sich aufgebracht. Boris hatte ihn nach dem Mord fortgejagt. Als er ein zweites Mal kam und Lohn für die Tat forderte, landete er dann im Verließ. Dazwischen hat er, laut seinem Bericht an Boris, den Prinzen in Sicherheit gebracht be-

---

365 Die Szene ist bereits in der von Körner besorgten Erstausgabe des Demetrius (Friedrichs von Schiller sämmtliche Werke. Zwölfter Band. Stuttgart und Tübingen, 1815) mit abgedruckt und stand somit allen Fortsetzern Schillers zur Verfügung.

366 Gustav Kühne: Demetrius. A. a. O. S. 7f.

367 ebd. S. 58.

368 ebd. S. 62.

ziehungsweise, laut seinem Bericht an Demetrius, einen nackten Knaben von der Straße aufgelesen und ihn in ein Kloster geschafft.

Allerdings ist Kühnes Jessimoff-Story nicht ganz frei von Ungereimtheiten. Die Geschichte, die er Boris erzählt, kommt zunächst einmal daher als eine spontane Improvisation. Jessimoff wird aus dem Kerker zu Boris geführt und erfährt erst von diesem, dass Demetrius im Anmarsch ist. Und sofort erfindet der Mörder von Uglitsch eine Geschichte über die Rettung des Zarensohns, um sich für die sechzehn Jahre im Kerker zu rächen. Damit treibt er Boris in den Selbstmord.

Dass Jessimoff, der während der gesamten Zeit gefangen war, ein glaubwürdiger „Machinator" ist, kann jedoch beim besten Willen nicht behauptet werden. Wenn die Geschichte stimmt, die er später Demetrius erzählt (woran aus der Anlage des Dramas heraus nicht gezweifelt werden kann), hat er, außer einem Knaben ein Kreuz umzuhängen, so gut wie nichts in dieser Angelegenheit getan. Eine Nachbetreuung und Unterstützung des falschen Prinzen durch Jessimoff fand nicht statt, seine Entdeckung war demnach ein so irrsinnig unwahrscheinlicher Zufall, dass man getrost feststellen kann: Kühne taugte noch weniger zur Intrige als Schiller.

Auch wird Kühne bei diesem Jessimoff seinem im Vorwort geschilderten Ideal untreu: Da hatte er nun Marinas Part soweit überhaupt möglich verringert, damit kein Schatten auf Demetrius fällt und das Publikum genausolange wie der Held im Unklaren über seine Echtheit bleibt. Und was tut Jessimoff? Er beugt sich zu dem sterbenden Boris hinunter und flüstert ihm als letzte Rache etwas ins Ohr, woraufhin Boris sagt: „So nahm ich Gift aus Irrthum"[369] und stirbt. Das Publikum erfährt demnach nun doch wesentlich eher als Demetrius, dass der echte Prinz längst tot ist.

Das darauffolgende Gespräch zwischen Demetrius und Jessimoff ist aber trotz der bereits verratenen Pointe einer der gelungensten Dialoge des Stücks, zum einen durch Jessimoffs pfiffige, wortwitzreiche Sprache, vor allem aber dadurch, dass die beiden Gesprächspartner einander konsequent missverstehen. Jessimoff versucht verzweifelt, Demetrius klarzumachen, dass er nicht der richtige Prinz ist. Aber das von Jessimoff immer wieder gebrauchte Wort „Märchen" fasst Demetrius mit seiner herrlich langen Leitung als „Wunder" auf und bestätigt, seine wundersame Rettung käme tatsächlich einem Märchen gleich: Er hat den märchenhaften Zarenthron errungen, den märchenhaften Reichtum Russlands, seine Situation ist märchenhaft, und er selbst kommt sich nun wahrhaftig vor wie ein Märchenprinz. Umgekehrt ist aber auch Jessimoff nicht besonders schnell von Begriff: Demetrius versichert, er werde bestimmt nicht handeln wie Boris, und Jessimoff solle den Lohn erhalten, den er verdiene. Wie das gemeint ist, begreift Jessimoff erst, als er den Dolch bereits in der Brust hat.

Nach dieser Begegnung mit Jessimoff ist Demetrius wie ausgewandelt. Hatte er zuvor noch ein ehrenvolles Begräbnis für Boris angeordnet und Axinia Geleit in das von ihr gewählte Kloster zugesagt, so hat er nun wahrhaft despotische Anwandlungen, und den huldigenden Bürgern Moskaus begegnet der eben noch als Volksbefreier aufgetretene Demetrius nun vollkommen anders:

„Nieder mit ihnen! In den Staub mit Allen –
Und in die ew'ge Nacht des dunkeln Todes,
Wer an mir zweifelt, daß ich Rußlands Herr!“[370]

Insgesamt ist Kühnes Demetrius-Bearbeitung geprägt von zwei Grundsätzen: höchste Pietät gegenüber dem vorhandenen Material auf der einen Seite und auf der anderen extreme Sparsamkeit in den Szenen, die er selbst erfindet. So sind die ersten beiden Akte fast unverändert übernommen, und die Marfa-Szene im vierten Akt ist trotz der Umsetzung in Verse fast wörtlicher Schiller-Text. Kühnes Vorsicht geht so weit, dass er, wo immer es möglich ist, sogar die von Schiller gelassenen Lücken offenlässt. Einzige Ausnahme ist in der Marfa-Szene Demetrius' Versuch, die Zarenwitwe durch Strenge einzuschüchtern, was nicht gerade zu den überzeugendsten Einfällen Kühnes zählt.

In den Akten, für die noch keine ausgearbeiteten Dialoge Schillers vorliegen, lässt Kühne strengste Knappheit vorwalten. Er schlägt fast alle Spielangebote, die Schiller gemacht hat, aus: Es gibt keinen Versuch des Demetrius, Marina abzuservieren und Axinia zu heiraten. Lodoiska ist ebenfalls gestrichen, ihr treuer Bruder Casimir desgleichen. Begnadigung und Todesurteil vor und nach der Begegnung mit Jessimoff fehlen, die Liebesbeziehung zwischen Romanow und Axinia findet nicht statt, und für eine Geistererscheinung Axinias hat der unromantische Jungdeutsche vollends kein Interesse.

*

[369] ebd. S. 72.

[370] ebd. S. 80.

Heinrich Laube dagegen geht unendlich viel selbstbewusster an Schillers Fragment heran. In den Jahren 1848/49 war er Paulskirchenabgeordneter gewesen, ab 1849 dann Leiter des Wiener Burgtheaters, und zumindest letzteres hatte ihn zu einem erfahrenen Schauspielpraktiker und Dramaturgen gemacht. Trotz der pflichtschuldigen Bescheidenheitsfloskeln im Vorwort lässt Laube demonstrativ den Theaterfachmann heraushängen, nach dem Motto: Schiller und ich, wir beiden Praktiker verstehen uns schon. Laube betont, dass es ihm nicht um literarischen Erfolg oder gar um Anerkennung von Seiten der Kritik geht: Er will das Stück auf der Bühne sehen, will auf das Publikum wirken und das Schillersche Fragment auf dem Spielplan halten. Eine Fortsetzung, schreibt Laube, müsse nicht unbedingt genial sein, das Stück soll einfach auf der Bühne erhalten bleiben, bis sich vielleicht ein Berufenerer findet, um es wirklich fertigzustellen.

Laube stellt fest, dass jeder, der den Demetrius fortsetzen möchte, bereits in den ersten Szenen anfangen müsse, seinen Schluss vorzubereiten. Falsche Scheu sei hier unangebracht. Schließlich hat Schiller selbst, wenn er seine Stücke zur Aufführung brachte, rigoros geändert und umgeschrieben. Schlagendstes Argument Laubes für das Ablegen jeder übertriebenen Pietät ist die Rücksichtslosigkeit, mit der Schiller selbst an Goethes „Egmont" heranging, als er das Stück inszenierte (Goethe kommentierte die Schillersche Bearbeitung mit den Worten: „Grausam, aber konsequent"): Wenn Schiller schon den Text seines Freundes derart hemmungslos umgeschrieben habe, wäre er sicher noch um einiges härter gegen den eigenen „Demetrius" vorgegangen. Ein Beispiel für die nötige Umarbeitung im Falle einer Bühnenaufführung bringt Burgchef Laube sofort, nämlich die begrenzte Anzahl seiner Schauspieler:

> „Die Polen nehmen jetzt schon ein ganzes Personal in Anspruch, und doch haben sie nur einen episodischen Antheil an der Entwickelung des Ganzen zu erwarten; außer Marfa und dem Patriarchen fehlt die ganze russische Welt noch, der Czar Boris an der Spitze. Das hätte Schiller [...] ganz gewiß berücksichtigt."[371]

Schon im ersten Akt wird deutlich, dass Laube an Schillers Text ganz anders arbeiten wird als Kühne. Hier stellt Laube eigentlich nur die Reihenfolge um, und plötzlich ist die Botschaft eine völlig andere. Bei Schiller fängt das Stück an mit einem ungeheuren Aufwand an Dekoration und Kostümen: Gold, Purpur, teure Gewänder; die Edelsten des polnischen Reiches sitzen beisammen und entscheiden über die Geschicke ihres Landes. Bei Laube ist eine winzige Szene vorgeschaltet, in der Marina mit Odowalsky spricht: Hast du alle für uns gewinnen können? (Gemeint ist: bestechen können?) Dann folgt die Anwerbung von Söldnern – bereits vor dem Beschluss des Reichstages, wodurch deutlich wird, wie unwichtig dieses Gremium für die Entscheidung zu diesem Kriegszug ist. Wie bei Schiller lässt sich Marina von den Söldnern Treue schwören, gleichzeitig hat Demetrius eine dem Zuschauer nicht gezeigte Audienz beim König. Zuvor war er auf der Bühne in Staatskunst unterwiesen worden, diesmal aber nicht vom König, der hier eine stumme Person ist, sondern durch den Erzbischof von Gnesen, der auch das Veto erläuterte. Als sich endlich der Vorhang öffnet, weiß der Zuschauer, als ob er die Rückseite einer Marionettenbühne gesehen hat, schon ganz genau, wer an welchen Fäden zieht. Der großartige Reichstag ist demnach vollständig entzaubert, und die überwältigende Eingangsszene Schillers verpufft hier wirkungslos. Laube selbst weiß das zwar relativ harmlos zu begründen:

> „Die großen Reichstagsscenen [...] sind so gewaltig, daß nach ihnen keine Steigerung erreichbar ist [...] So geht der Act abwärts in seiner Wirkung statt aufwärts. Auch erscheint im Reichstage Alles überraschend, weil der Zuhörer auf nichts vorbereitet ist, und die Bedeutung des Veto zum Beispiele aus seiner geschichtlichen Kenntnis wissen muß."[372]

Ich denke aber doch, dass hier weniger der Wiener Burgdirektor spricht als vielmehr der enttäuschte Frankfurter Paulskirchenabgeordnete. In seiner jungdeutschen Zeit hätte Laube kaum Sympathie für eine Aussage wie „Man soll die Stimmen wägen und nicht zählen"[373] aufgebracht. Doch schon 1849, in seiner dreibändigen Abhandlung des Paulskirchenparlaments, lobt er an der Republik der Römer die (dort noch hochgradig demokratische und fortschrittliche) Institution des Vetorechtes:

> „Das einzige Veto eines einzigen Tribuns konnte Alles rückgängig machen, und die Patrizier hätten sich geschämt, selbst gegen einen Vorschlag der Gracchen einen Volkstribun und dessen Veto für sich *nicht* gewinnen zu können."[374]

Auch Gustav Kühne hat in seinem „Demetrius" Abstand von dem abstrakten Freiheitspathos der Jungdeutschen genommen. Auf die großartige Verkündigung der

---

371 Heinrich Laube: Demetrius. A. a. O. S. VIf. (Im Vorwort zitierter Auszug aus Laubes Buch „Das Burgtheater", 1868)

372 ebd. S. XIIIf.

373 Friedrichs von Schiller sämmtliche Werke. Zwölfter Band. [Hrsg. von Christian Gottfried Körner]. Stuttgart und Tübingen, 1815. S. 317.

Freiheitsrechte im Manifest des Prätendenten und auf die Bauernbefreiung und Aufhebung der Leibeigenschaft folgt sehr schnell die Ernüchterung: Zwar sind die Bauern nun frei, doch ohne eigenen Grundbesitz bleibt ihnen nur die Freiheit zu verhungern. Einziger Ausweg für die gerade durch ihre Befreiung ins Elend gestoßenen Bauern ist es, sich einen neuen Herrn zu suchen, und so verschreiben sie sich mit „Seel' und Leib"[375] der designierten Zarin Marina: „Die Knechtschaft, Herrin, gab dem Armen Brot;/ Die goldne Freiheit macht selbst Reiche arm,"[376] analysiert Odowalsky sehr treffend.

In seiner Bearbeitung der Reichstagsszenen führt Laube aus, was er im Vorwort angekündigt hat: Er leitet seine Schlussfassung bereits im ersten Akt ein. Die Figur, die er später brauchen wird, der Kosakenhetman Komla (Schillers Korela) tritt hier schon auf dem Reichstag auf und berichtet aus Russland. Komla ist, als Anführer der Kosaken, ein Mittler zwischen der russischen und der polnischen Welt. Ursprünglich dem russischen Reich angehörig, wechselte er nach einem Streit mit Boris (wegen des ermordeten Prinzen) die Fronten und führte sein im Grenzgebiet beider Länder angesiedeltes Volk dem polnischen Staat zu. Er tritt darüber hinaus als wärmster Fürsprecher des Demetrius und als sein politischer Mentor auf. Für die Rolle des Machinators ist er daher wie geschaffen.

Noch deutlicher wird die Souveränität, mit der Laube seine Vorlage behandelt, im zweiten Akt. Während Kühne auch hier Schiller komplett übernimmt und nur im äußersten Notfall wagt, Lücken zu schließen, verabschiedet sich Laube bereits nach Marfas Monolog aus Schillers Fragment. Laube hängt hier die Szenen um Boris Godunof an. Das hat eine gewisse Ähnlichkeit mit Hebbels erstem Akt, ist aber vollkommen eigenständig gelöst. Laube lässt hier eine Figur auftreten, die bei allen anderen Demetrius-Fassungen nach den ersten Akt verschwindet: Leo Sapieha, der den polnischen Reichstag gesprengt hat, kommt nun als Botschafter Polens nach Moskau. Seine Aufgabe: in allen Fällen polnische Interessen vertreten.

Sein Auftrag geht an den Zaren von Russland, also zunächst noch Boris. Seine Botschaft ist: Das Heer des Demetrius ist kein offizielles Heer, es hat keine Anerkennung durch die polnische Krone und Reichsversammlung. Sapieha will den Frieden zwi-

---

[374] Heinrich Laube: Das erste deutsche Parlament. Leipzig, 1849. (Reprint: Aalen, 1978) Bd. III, S. 461.

[375] Gustav Kühne: Demetrius. A. a. O. S. 93.

schen Russland und Polen, den er ja selbst geschlossen hat, auf alle Fälle erhalten und bietet dem Zaren sogar an, Botschaften im Namen des Königs an das Heer des Demetrius auszusenden und die polnischen Söldner zum Desertieren auffordern. Sein Vorteil beziehungsweise der Vorteil des polnischen Königs bei einer Niederlage des Heeres liegt auf der Hand: Der selbstherrliche Mniczek würde zurückgestutzt, die Zentralgewalt des Königs gestärkt, und es gäbe endlich einen guten Grund, die Macht des Kleinadels und der Provinzfürsten einzuschränken und den ungeliebten Reichstag umzustrukturieren.

Als später Boris fällt, ist Sapieha sofort auf Demetrius' Seite, sein Auftrag lautet schließlich an den amtierenden Zaren. Von Demetrius will er sich den 20-jährigen Frieden bestätigen lassen, was Demetrius auch sofort tut. Ferner soll Sapieha nun dafür sorgen, dass Demetrius seine Polen nach dem Sieg auch ordentlich bezahlt. Die Polen sind allerdings wenig begeistert über den ungerufenen Vermittler und wollen ihre Angelegenheiten mit Demetrius lieber selbst regeln. Im Konflikt mit dem polnischen Heer wird ausgerechnet Sapieha zum treusten Verbündeten des neuen Zaren, denn Sapieha will nur eines, egal unter welchem Herrscher: Ruhe in Russland.

Sapieha wird gezeigt als gewiefter Taktiker und obendrein als ein äußerst scharfsinniger Zuhörer. Als Boris äußert, gerade weil Komla für Demetrius eintrete, müsse Demetrius notwendigerweise ein Betrüger sein, denn ausgerechnet der Kosakenhetman sei schließlich der Überbringer der Todesnachricht gewesen, hakt Sapieha sofort nach. Boris erzählt, Komla habe für die Nachricht Lohn haben wollen, und als er den nicht bekam, habe er sich einen falschen Demetrius aufgezogen, die Erkennungszeichen – Kreuz und Psalter – habe er sich schon vorher verschafft. Und Sapieha folgert messerscharf: Dann muss er den Brand ja vorausgesehen haben. Ohne dass Boris sich ausdrücklich dazu bekennt, wird in diesem Gespräch klar: Boris hat den Brand von Uglitsch angeordnet, und Komla hat ihn ausgeführt. Als das unausgesprochen heraus ist, bricht Sapieha, der schon vorher von der Echtheit des Demetrius überzeugt war und nur aus Gründen der Staatsraison den Status quo erhalten wollte, das Gespräch sofort ab. So genau wolle er das gar nicht wissen, was er denke, sei auch vollkommen gleichgültig:

> „Die Frage, die jetzt vorliegt, lautet anders.
> Sie lautet nicht: ist jener Dmitri ächt?

---

[376] ebd. S. 94.

– Das zu entscheiden ist nur Komla fähig.
Du warst ja nicht dabei, als Uglitsch brannte –
Die Frage lautet: glaubt man jenem Komla,
Und hält Dein Volk den jungen Prätendenten
Für *ächt*? Darauf allein kommt Alles an.
Was glaubt das Volk? Sein Glaube ist Entscheidung.“[377]

Das Volk glaubt an Demetrius. Boris nimmt schließlich Gift beim Einzug des neuen Zaren und drückt vorher seiner Tochter noch als eiserne Reserve ein Schmuckkästchen in die Hand, sein Privatvermögen, das nun für sie eine Art Lebensversicherung sein soll: Drei Millionen (Rubel), wie Schuisky bei jeder passenden und unpassenden Gelegenheit zu betonen weiß. Die Geschichte dieses Kästchens ist literarisch alles andere als wertvoll, dürfte jedoch auf der Bühne (für die Laube das Stück ausdrücklich bestimmt hat) einige Wirkung gehabt haben. Schuisky möchte den Schatz seinem Zaren zuführen; Axinia, die in ein Kloster gebracht werden möchte, hätte keine Probleme damit, sich von ihrem Besitz zu trennen; Demetrius ist aber viel zu edelmütig, um das Erbe des bezaubernden Waisenkindes anzutasten.

Das Kästchen mit der Aussteuer wird später gebraucht, um den Nationalitätenkonflikt im dritten Akt aufzulösen, als Polen und Russen im Streit um die Herrschaft und vor allem um den versprochenen Sold zu den Waffen greifen. Das Problem ist: Die Polen müssen selbstverständlich bezahlt werden; aber in dem Moment, in dem Demetrius ein Stück vom russischen Gut und Geld weggibt, verspielt er alle Liebe und Zuneigung des russischen Volkes, auf die er in seiner noch ungefestigten Position unter keinen Umständen verzichten kann. Außerdem wollen die Russen unter keinen Umständen die Polin Marina auf dem Thron haben. Eigentlich sind alle dafür, dass Demetrius Axinia heiratet. Die Kämpfe dauern an, bis schließlich die opferbereite Axinia zum Wohle des Vaterlandes ihren Schmuck stiftet, um die Polen zu bezahlen. Damit ist Ruhe und Ordnung wiederhergestellt, und alle sind glücklich. Nur Marina ist wütend, weil sie nicht mehr Zarin werden soll.

Bei der Begegnung des Demetrius mit Marfa verzichtet Laube vollständig auf Schillers Entwurf. Er ist auch bisher der einzige, der die Begegnung mit Marfa vor das Gespräch mit dem Betrugsstifter setzt. Marfa kommt nach Moskau und ist bereits gegen Demetrius eingenommen. Denn Marina hat sich inzwischen bei der Zarenmutter bit-

[377] Heinrich Laube: Demetrius. A. a. O. S. 60f.

ter über ihren Sohn beschwert und hat sie um Unterstützung gebeten. Es entsteht eine sehr ungewöhnliche Allianz zwischen der russischen Landesmutter und der polnischen Eroberin. Marfa ist fest entschlossen, den ungeratenen Sohn zur Einhaltung seines Heiratsversprechens zu ermahnen. Entsprechend ungehalten kommt sie in Moskau an.

Das Treffen steht unter keinem guten Stern. Bereits im Vorzimmer trifft Marfa auf Schuisky und Hiob, einst die engsten Vertrauten des verhassten Godunof und ihre ärgsten Peiniger – und jetzt sind die beiden die wichtigsten Stützen des Demetrius. Man hätte beiden, nach Auffassung Marfas, schon längst den Kopf vor die Füße legen sollen, und stattdessen leben und regieren die beiden immer noch. Dann muss Marfa auch noch hören, der Zar sei gerade dabei, Boris beim Begräbnis ein ehrenvolles Geleit zu geben (während Marfas Forderung ist: Godunofs Leiche gehört geschändet und den Geiern zum Fraß vorgeworfen). Dazu das Gerücht, er habe jetzt ein Verhältnis mit Godunofs Tochter Axinia ...

Die Begegnung findet statt, und die Stimme des Blutes spricht nicht. Wir haben inzwischen das Jahr 1869, da glaubt man nicht mehr an solch eine mysteriöse innere Stimme. Laube jedenfalls nicht. Und Kühne eigentlich auch nicht, nur hätte er nie gegen Schillers ausdrücklich erklärte Absicht verstoßen.

Demetrius, mutterlos im Kloster aufgewachsen, hat sich allerhand Vorstellungen von Mutterliebe gemacht, er stürzt ihr entgegen, Herz und Mund quellen ihm über, aber Marfa steht einfach nur da und ist sich unsicher. Ihr Herz spricht nicht, weder für noch gegen ihn. Erst als Demetrius, der von Mönchen erzogen worden ist und nicht einmal den Anschein von Unehrlichkeit ertragen kann, aufspringt und sagt, wenn hier ein Irrtum vorliege, dann wolle er sich den russischen Gerichten stellen, auf widerrechtliche Aneignung des russischen Thrones stehe zwar der Tod, doch den habe er als falscher Zar vollkommen verdient – da ist Marfa so beeindruckt, dass sie meint, an diesem Heldenmut ihren Sohn und das Blut des Hauses Nagoi zu erkennen, und sie umarmt ihn als ihren Sohn. Aber Marina muss er trotzdem heiraten.

Bereits in dieser Szene wird deutlich, was Demetrius später zu Fall bringen wird: Er ist einfach zu weich, um sich als falscher Erbe auf dem russischen Thron zu halten. Demetrius ist von Mönchen erzogen, wuchs im Kloster auf, und in dem Moment, in dem er den Glauben an sein Recht auf den Thron verliert, verlangt er geradezu von sich aus nach dem Märtyrertod. Marfa will zwar ihren Sohn an dieser furchtlosen Opferbereitschaft wiedererkennen, aber bei genauem Hinsehen ist es gerade nicht das Heldentum der alten Waräger, das Demetrius antreibt, sondern reine mönchische Märtyrersucht.

Als Komla ihn nach dem Gespräch mit Marfa abpasst und mit ihm über seinen Lohn reden möchte, reagiert der Zar demnach vollkommen anders, als der Machinator es erwartet hat. Komla hatte, für die Zuschauer sichtbar, aber von Demetrius unbemerkt, das Gespräch mit Marfa belauscht. Einige Informationen daraus verwendet er nun sehr geschickt gegen Demetrius, so dessen Erinnerung an einen gelblichen Nebel am Tag des Brandes oder die Erinnerung an das Feuer selbst. Komla erzählt, er habe den falschen Demetrius mitgenommen, als er den echten ermordete, damit er sich später an das Feuer erinnern könne. Außerdem schildert er, wie er den Heranwachsenden, von diesem selbst unbemerkt auf seine Rolle vorbereitet habe. Demetrius sei von ihm unmerklich so gelenkt worden, dass er irgendwann wie von selbst auf die Idee kommen musste, er sei der Zarensohn.

Laubes Machinator ist demnach um einiges aktiver als Kühnes Jessimoff, und zumindest dieser Teil seiner Geschichte klingt glaubwürdiger als Jessimoffs Version, in der fast alles dem Zufall überlassen blieb. Nach Komlas Aussage ist dieser falsche Demetrius der Sohn Kathinkas, der Ehefrau Komlas, die ihn mit Iwan betrogen habe. Also ist Demetrius, ähnlich wie bei Hebbel, väterlicherseits tatsächlich von echtem Zarenblut, aber ein Bastard und somit nicht erbberechtigt.[378]

Demetrius zieht in der ersten Wut auf diese Eröffnungen den Dolch, dringt auf Komla ein, ist aber, wie gesagt, zu weich, ihn vollends zu erstechen. Er lässt ihn abführen und ordnet eine gerichtliche Untersuchung an. Denn auf alles kann er verzichten, nur nicht auf das Gefühl seiner Legitimität. Anders als Kühnes Demetrius, der für seine Herrschaft eine neue Rechtfertigung sucht („Ich bin der Aechte nicht, der Aechte starb./ Doch Einer muß den Aechten hier vertreten!“[379]) und dabei zum misstrauischen und reizbaren Despoten wird, kommt dieser Demetrius nicht einmal auf den Gedanken, eine Rolle weiterzuspielen, die ihm nicht zusteht.[380] Wie schon in der Un-

378 Die Idee, dieser Demetrius könne „des Iwan Wasilowitz natürlicher Sohn“ gewesen sein, findet sich bereits in Schillers Studienheft, ist aber vom Verfasser wieder getilgt worden. (Nationalausgabe. A. a. O. S. 86)

379 Gustav Kühne: Demetrius. A. a. O. S. 81.

380 Dass Laubes Drama durch die mönchische Grundhaltung des Titelhelden in eine unangenehme Nähe zum Märtyrerstück geraten ist, gab verschiedentlich Anlass zu dem Tadel, dass es dem

terredung mit Marfa ist er eher bereit, alles hinzuwerfen und sich den russischen Gerichten zu stellen:

> „Mein Leben war der Glaube an ein Recht,
> Das Gott zur Ordnung eingesetzt auf Erden,
> Ein Recht, das Herrscher weiht im Mutterschooße.
> Bin ich nun nicht der ächte Czarensohn,
> So ist mein Thun der Frevel eines Dünkels,
> Ein wilder Frevel – [...] wehe mir!
> Ich habe schnöder Eitelkeit gehorcht,
> Ich habe Blut vergossen in der Schlacht
> Im fürchterlichen Irrthum eines Rechtes,
> Das ich nicht habe, das ich niemals hatte;
> Ich hab' getödtet mit der eignen Hand
> Den Bösewicht, an dessen schnödes Leben
> Nur das Gericht gerechten Anspruch hat –
> Verwirkt ist all mein Dasein, nichts bleibt übrig
> Als die Verzweiflung der getäuschten Seele
> Und rascher Tod – ja, er wird Segen, Segen.
> [...]
> Die Krone geb' ich hin und fleh' dies Volk
> Um die Verzeihung meines falschen Anspruchs."[381]

Die Situation ist hochgradig unsicher. Demetrius will und braucht Klarheit. Als Schuisky berichtet, Komla habe gelauscht, erinnert sich Demetrius, wie Komla den Blick abwandte, als er von dem Nebelmorgen sprach. Möglicherweise also war doch alles gelogen. Es kommt auf Demetrius eigenen Wunsch zur Gerichtsverhandlung. Das Perfide an der Angelegenheit ist, dass eigentlich alle Beteiligten der Meinung sind, Demetrius sei der beste Zar, den Russland je hatte. Im Wege steht lediglich die vollkommen antiquierte Vorstellung von der Heiligkeit des Blutes und der Erbfolge.

Schon Kühnes Demetrius hat an der Leiche des Zaren Boris einen Nachruf gehalten, den man ihm selbst auf den Grabstein hätte setzen können: „Ihm fehlte nichts zum

---

Helden „an der tragischen Schuld fehle." (Laube: Demetrius, S. IX) Laube hat hierauf mit der Aufzählung einer ganzen Reihe von Situationen geantwortet, in welchen Demetrius sich schuldig gemacht hat. Neben der Erregung eines Krieges, in dem „Tausende geopfert wurden" (S. XI), neben der Anmaßung des Zarentitels und persönlicher Eitelkeit des Demetrius nennt Laube überraschenderweise als große Schuld, die auf seinem Helden lastet, die Ermordung Komlas und fragt recht naiv: „ist das nicht Element in Fülle für tragische Schuld?" (S. XI)

381 Heinrich Laube: Demetrius. A. a. O. S. 134f.

Herrscher,/Als nur das Recht, das heil'ge, gottentstammte."[382] Wer als Thronräuber nach Russland kommt, muss nun einmal hingerichtet werden, das ist Gesetz. Musterbeispiel für diese Grundhaltung ist Schuisky. Seine Treue gilt dem jeweils rechtmäßig amtierenden Zaren. Er war Boris aus voller Überzeugung treu, bis das Recht des Demetrius erwiesen war, und ist Demetrius treu ergeben, solange er als rechtmäßiger Thronfolger gilt. Schuisky ist todunglücklich, ein gebrochener Mensch fast, als er Demetrius' Hinrichtung organisiert, aber er sieht keinen anderen Ausweg: Wenn Demetrius nicht der echte Zarensohn ist, muss er sterben. Und Demetrius selbst sieht das genauso.

Die Gerichtsverhandlung über die Echtheit des Prätendenten ist weniger eine kriminologische Untersuchung, vielmehr sollen hier Eide abgelegt werden. Der sterbende Komla legt ohne zu zögern die Hand aufs Kreuz und schwört: Demetrius sei der Sohn Kathinkas, seines ungetreuen Eheweibes. Und Marfa? Demetrius fordert sie beredt und voller Pathos auf, sie solle ohne Scheu aussprechen, was ihr Herz ihr sage. Demetrius braucht Wahrheit, sein Leben ist ihm vollkommen egal. Aber Marfas Herz spricht nicht. Es gibt keine unfehlbare innere Stimme. Bei Kühne hat Marfa noch genau gewusst, dass Demetrius nicht ihr Sohn ist, und auf die Frage des Patriarchen geschwiegen. Was genau so gut war wie ein Nein. Bei Laube antwortet sie auf die Frage: „Ist dieser junge Mann Dein Sohn?"[383] nach langem Zögern: „Ich weiß es nicht."[384] Was für keinen der Anwesenden in irgend einer Weise hilfreich ist. „Das reicht nicht,"[385] sagt Hiob. Und daraufhin tut er etwas, das juristisch nicht ganz korrekt ist. Er formuliert die Frage nämlich um: „Hältst Du den jungen Mann für Deinen Sohn?"[386] Darauf antwortet Marfa mit der reinen Wahrheit: „Nein." Der bestellte Henker zieht daraufhin die Pistole, auf Schuiskys Zeichen feuert er. Das Schlusswort Schuiskys:

> „Ein edler Mensch hat mit dem Tod gebüßt,
> Daß er nicht voll aus Rurik's Stamm entsprossen.
> Gott möge uns erleuchten, einen Czaar

---

[382] Gustav Kühne: Demetrius. A. a. O. S. 73.
[383] Heinrich Laube: Demetrius. A. a. O. S. 149.
[384] ebd.
[385] ebd.
[386] ebd. S. 150.

Zu finden, der so brav wie dieser Jüngling."[387]

Auch Kühnes Demetrius wird, wie von Schiller vorgesehen, erschossen, als Marfa den Eid auf das Kreuz verweigert. Mit dem Herannahen des nächsten Erben, des Begründers einer neuen Dynastie Romanow, lässt Kühne sein Drama auf fast Hebbelsche Weise mit der Vision einer neuen Zeit ausklingen. Der heranziehende Romanow gewinnt in dieser Szene geradezu messianische Züge, und selbst der sterbende Demetrius stimmt in die Jubelrufe zu seiner Begrüßung mit ein: „Heil ihm! Mit ihm ist Gott!"[388]

*

Festzuhalten bleibt, dass hier zwei Autoren, die beide aus der selben literarischen Tradition kommen, die beide aus den gleichen Quellen schöpften und denen das gleiche Material zur Verfügung steht, zu zwei völlig unterschiedlichen Ergebnissen kommen. Trotzdem gehören beide Texte untrennbar zusammen, und sie waren zu ihrer Zeit die beiden prägenden Bearbeitungen des Fragments.

Wie prägend beide Dramen für ihre Zeit waren, zeigt noch eine letzte Parallele: Beide Texte wurden ihrerseits wiederum Vorlage eines neuen Demetrius-Dramas zur Fortsetzung Schillers, das sich nun erstaunlicherweise nicht mehr direkt an Schillers Fragment orientierte, sondern eine Umarbeitung der Kühne- oder Laube-Fassung war. 1888 erschien der Demetrius von Otto Sievers, eine etwas umgearbeitete Version von Heinrich Laubes Drama, und 1897 der Demetrius von A. Weimar (Augusta Götze-Weimar), die Gustav Kühnes Text auf ihre Art „verbesserte".

Sievers, der sich in seinem Vorwort ausdrücklich zu seiner Nachfolge Laubes bekennt, übernimmt die Umstellung der Reichstagsszenen und setzt die Begegnung mit Marfa ebenfalls vor das Zusammentreffen mit dem Fabricator doli. Dieser Demetrius entscheidet sich jedoch, seine Rolle weiterzuspielen, um das Reich zu erhalten und sein Volk glücklich zu machen.

Enger an ihrem Vorläufer orientiert sich Augusta Götze, die bereits auf dem Titelblatt angibt: „Mit Benutzung der Gustav Kühneschen Bearbeitung". In diesem Drama, das als ein wahres Drei-Autoren-Stück bezeichnet werden kann, sind, wie Walter Flex aufgebracht kritisiert,

387 ebd. S. 151.

388 Gustav Kühne: Demetrius. A. a. O. S. 112.

„Verse und Szenen Kühnes [...] in einer Weise verarbeitet, daß man nicht sagen kann, diese Szene ist von Kühne und jene von Weimar, sondern Weimar hat, wie sie's eben brauchte, bald ganze Szenen, bald Verse, bald Halbverse aus Kühnes Drama herausgerissen und ihrem Werke einverleibt [...]. Wollte man zwei verschiedene Drucktypen anwenden, um Weimars und Kühnes Anteil zu scheiden, so würde man im dritten, aber auch im vierten Akt ein unübersehbares Durcheinander der Lettern in Szenen, Versen, Halb- und Viertelversen bekommen."[389]

Die Weimar-Bearbeitung greift also wesentlich weiter in Kühnes Text ein, als es der inzwischen selbst zum dramatischen Material gewordene Kühne seinerzeit bei Schillers Text wagte. Über den literarischen Wert dieser Fassung mag gestritten werden, doch ist sie ein wichtiger Beleg dafür, dass der Kühne-Demetrius nicht nur verbreitet und bekannt war, sondern auch als vorbildlich empfunden wurde.

Eine ähnlich heftige Reaktion auf Kühnes Drama ist nur noch bei Otto Friedrich Gruppe zu erkennen, der 1858 zornig aus der Berliner Aufführung nach Hause kam und seiner Verärgerung in einem eigenen Demetrius Luft machte, der drei Jahre später in Druck ging.

389 Walter Flex: A. a. O. S. 65.

Literaturverzeichnis

Primärliteratur

Ludwig Börne: Sämtliche Schriften. Neu bearbeitet und hrsg. von Inge und Peter Rippmann. Düsseldorf, 1964-68.

Georg Büchner: Werke und Briefe. Hrsg. v. Fritz Bergemann. Frankfurt a. M., 1982.

- Lenz. Der hessische Landbote. Mit einem Nachwort von Martin Greiner. Stuttgart, 1988.

Theodor Fontane: Von zwanzig bis dreißig. Hrsg. v. Kurt Schreinert und Jutta Neuendorff-Fürstenau. In: Th. F.: Sämtliche Werke. Bd. XV. München, 1967.

Johann Wolfgang von Goethe: Werke. Hrsg. im Auftrage der Großherzogin Sophie von Sachsen. I. Abteilung, 35. Bd. Weimar, 1892.

Karl Gutzkow: Gesammelte Werke. Frankfurt/M., 1845

- Karl Gutzkow's dramatische Werke. Leipzig: Brockhaus, 1846-50.

- Werke. Auswahl in zwölf Teilen. Hrsg., mit Einleitungen und Anmerkungen versehen v. Reinhold Gensel. Berlin, Leipzig, Wien, Stuttgart, o. J. Bd. 9, S. 133.

- Schriften. Hrsg. von Adrian Hummel. 3 Bde. Frankfurt/M., 1998.

- Beiträge zur Geschichte der neuesten Literatur. Stuttgart, 1836.

- Wally, die Zweiflerin. Studienausgabe mit Dokumenten zum zeitgenössischen Literaturstreit. Hrsg. von Günter Heintz. Stuttgart, 1979. Durchgesehene und ergänzte Ausgabe 1983.

- Götter, Helden, Don Quixote. Hamburg, 1838.

- Die Ritter vom Geiste. Roman in neun Büchern. Hrsg. von Thomas Neumann. Frankfurt/M., 1998.

- Karl Gutzkow und Ludolf Wienbarg [Hrsg.]: Deutsche Revue/ Deutsche Blätter (1835). Hrsg. von Alfred Estermann. Frankfurt/M, 1971.

Friedrich Hebbel: Werke. Hrsg. von Gerhard Fricke u. a. 5 Bde. München, 1967.

- Sämtliche Werke. Historisch-kritische Ausgabe. Hrsg. v. R. M. Werner. Berlin, 1904-1907.

- Demetrius. In: F. H.: Werke. Hrsg. v. Gerhard Fricke, Werner Keller und Karl Pörnbacher. Bd. 2. München: Hanser, 1964.

- Demetrius. In: Hebbels dramatische Werke in vier Bänden. Bd. 4. Berlin: Tempel, o. J. (um 1925).

Heinrich Heine: Sämtliche Werke in vier Bänden. Nach dem Text der Ausgaben letzter Hand. München, 1969.

- Historisch-kritische Gesamtausgabe der Werke. Hrsg. v. Manfred Windfuhr. Hamburg, 1975ff.

- Säkularausgabe. Werke. Briefwechsel. Lebenszeugnisse. Bd. XX. Briefe 1815-1831. Bearbeitet von Fritz H. Eisner. Berlin (O), 1970.

Georg Herwegh: Gedichte eines Lebendigen. Mit einer Dedikation an den Verstorbenen. Zürich und Winterthur, 1842.

Gustav Kühne: Eine Quarantäne im Irrenhause. Novelle aus den Papieren eines Mondsteiners. Leipzig, 1835.

- Porträts und Silhuetten. 2 Bde. Hannover, 1843.

- Demetrius. In: Schiller-Buch. Dresden, 1860.

- Mein Tagebuch in bewegter Zeit. Leipzig, 1863.

- Das Junge Deutschland. Erinnerungen. In: Westermanns illustrierte deutsche Monatshefte. Bd. 50. Juli 1881.

Heinrich Laube: Ausgewählte Werke. Hrsg. von Heinrich Hubert Houben. Leipzig, o. J.

- Demetrius. Historische Tragödie in fünf Akten. Mit Benutzung des Schiller'schen Fragments bis zur Verwandlung im zweiten Akte. Leipzig, 1872 (= H. L.: Dramatische Werke, Bd. 12.)

- Das Junge Europa. 3 Bde. Leipzig, 1833-37. Reprint: Frankfurt/M., 1973.

- Das erste deutsche Parlament. 3 Bde. Leipzig, 1849. Reprint: Darmstadt, 1978.

- Geschichte der deutschen Literatur. 4 Bde. Stuttgart, 1839f.

Nikolaus Lenau: Sämtliche Werke und Briefe. 2 Bde. Auf der Grundlage der historisch-kritischen Ausgabe von Eduard Castle hrsg. von Walter Dietze. Frankfurt/M., 1971.

Luise Mühlbach: Erinnerungsblätter aus dem Leben Luise Mühlbach's. Gesammelt und herausgegeben von ihrer Tochter Thea Ebersberger. Leipzig, 1902.

Theodor Mundt: Das Duett. Ein Roman. Berlin, 1831

- Die Einheit Deutschlands. Leipzig, 1832 (Reprint Frankfurt/M, 1973).

- Madelon, oder die Romantiker in Paris. Eine Novelle. Leipzig, 1833.

- Moderne Lebenswirren. Briefe und Zeitabenteuer eines Salzschreibers. Leipzig, 1834. (Reprint Frankfurt/M, 1973)

- Madonna. Unterhaltungen mit einer Heiligen. Leipzig, 1835. (Reprint Frankfurt/M, 1973)

- Charlotte Stieglitz, ein Denkmal. Berlin, 1835.

- Die Kunst der deutschen Prosa. Ästhetisch, literargeschichtlich, gesellschaftlich. Berlin, 1837. (Reprint Göttingen, 1969). 2. Aufl. Berlin, 1843.

- Spaziergänge und Weltfahrten. 3 Bde. Altona, 1838/39

- Der Delphin. Ein Almanach. 2 Bde. Altona, 1838/39.

- Thomas Müntzer. Ein deutscher Roman. 3 Bde. Altona, 1841/42

- Geschichte der Literatur der Gegenwart. Berlin, 1842

- Gesammelte Schriften. Leipzig, 1843/44.

- Kleines Skizzenbuch. Berlin, 1844.

- Die Geschichte der Gesellschaft in ihren neueren Entwickelungen und Problemen. Berlin, 1844

- Ästhetik. Die Idee der Schönheit und des Kunstwerks im Lichte unserer Zeit. Berlin, 1845. (Reprint Göttingen, 1966)

- Allgemeine Literaturgeschichte. 3 Bde. Berlin, 1846.

- Martin Luther's politische Schriften. Mit einer Einleitung über Luther's Bedeutung im deutschen Nationalleben hrsg. von Theodor Mundt. Berlin, 1844.

- Ständische Blätter. Heft 1: Der Adel in Deutschland und Preußen. Heft 2: Der Dritte Stand in seiner gesellschaftlichen und ständischen Vertretung. Berlin, 1847.

- Gesammelte Schriften. Leipzig, 1847.

- Dramaturgie, oder Theorie und Geschichte der dramatischen Kunst. Berlin, 1848. (Reprint Eschborn, 1992)

- Katechismus der Politik. Darstellung und Erörterung der wichtigsten politischen Fragen und Staatsverfassungen. Berlin, 1848.

- Staatsberedsamkeit der neueren Völker. Nach der Entwickelung ihrer Staatsformen dargestellt. Leipzig, 1848.

- Die Matadore. Ein Roman der Gegenwart. Leipzig, 1850.

- Macchiavelli und der Gang der europäischen Politik. Leipzig, 1851.

- Theodor Mundt. Hildenburghausen, o. J. (n.1852)

- Geschichte der deutschen Stände nach ihrer gesellschaftlichen Entwickelung und politischen Vertretung. Berlin, 1854 (Reprint Eschborn, 1992).

Mundts Zeitschriften

- Schriften in bunter Reihe. Leipzig, 1834. (Reprint Frankfurt/M,1971)

- Literarischer Zodiacus. Journal für Zeit und Leben, Wissenschaft und Kunst. Leipzig, 1835/36. (Reprint Frankfurt/M, 1971)

- Dioskuren. Für Wissenschaft und Kunst. Schriften in bunter Reihe. Berlin, 1836/37. (Reprint Frankfurt/M, 1971)

- Der Freihafen. Galerie von Unterhaltungsbildern aus den Kreisen der Literatur, Gesellschaft und Wissenschaft. Altona, 1838-44.

- Der Pilot. Altona, 1840-43.

Friedrich Schiller: Schillers Werke. Nationalausgabe. Weimar, 1943ff. Elfter Band: Demetrius. Hrsg. von Herbert Kraft. Weimar, 1971.

- Demetrius. In: F. S.: Sämmtliche Werke. Zwölfter Band. Stuttgart und Tübingen, 1815

- Demetrius. Hrsg. v. Wolfgang Wittkowski. Stuttgart: Reclam, 1963.

Charlotte Stieglitz: Gedichte und Briefe. Hrsg. von. Franz Josef Görtz. Frankfurt/M., 1987.

- Charlotte Stieglitz, ein Denkmal. [Hrsg. v. Theodor Mundt.] Berlin, 1835.

Heinrich Stieglitz: Bilder des Orients. 4 Bde. Leipzig, 1831-33.

- Selbstbiographie. Vollendet u. hrsg. v. Louis Curtze. Gotha, 1865.

Karl August Varnhagen von Ense: Journal einer Revolution. Tagesblätter 1848/49. Nördlingen, 1886.

Ludolf Wienbarg: Ästhetische Feldzüge [inkl.: Zur neuesten Literatur und Menzel und die junge Literatur]. Hrsg.von Walter Dietze. Berlin (O) und Weimar, 1964.

- Wanderungen durch den Thierkreis. Hamburg, 1835.

- Tagebuch von Helgoland. Hamburg, 1838. (Reprint: Frankfurt/M., 1973)

- Die Dramatiker der Jetztzeit. Altona, 1839.

- Der dänische Fehdehandschuh, aufgenommen von Ludolf Wienbarg. Hamburg, 1846.

- Die Volksversammlung zu Nortorf am 14. September 1846. Hamburg, 1846.

- Das dänische Königsgesetz oder das in Dänemark geltende Grundgesetz, in historischer Beleuchtung und zur Inbetrachtnahme für die Frage der Gegenwart. Hamburg, 1847.

- Krieg und Frieden mit Dänemark. Ein Aufruf an die deutsche Nationalversammlung. Frankfurt/M., 1848.

- Der diesjährige Dänenkrieg und sein Ausgang – bis auf weiter. Schleswig, 1849.

- Darstellungen aus den schleswig-holsteinischen Feldzügen, 3 Bde. Kiel, 1850f.

- Geschichte Schleswigs, 2 Bde. Hamburg, 1861f.

- Der Anteil Dänemarks und der dänischen Behörden an Hamburgs Schicksal im Frühjahr 1813. Altona, 1863.

- Karl Gutzkow und Ludolf Wienbarg [Hrsg.]: Deutsche Revue/Deutsche Blätter (1835). Hrsg. von Alfred Estermann. Frankfurt/M, 1971.

Sekundärliteratur

Zu Vormärz und Junges Deutschland

Wolfgang W. Behrens u. a.: Der literarische Vormärz von 1830 bis 1847. München, 1973.

Georg Brandes: Das junge Deutschland. 8. Aufl. Charlottenburg, 1900.

Helga Brandes: Die Zeitschriften des Jungen Deutschlands. Eine Untersuchung zur literarisch-publizistischen Öffentlichkeit im 19. Jahrhundert. Opladen, 1991.

Horst Denkler [Hrsg.]: Der deutsche Michel. Revolutionskomödien der Achtundvierziger. Stuttgart, 1971.

Walter Dietze: Junges Deutschland und deutsche Klassik. Zur Ästhetik und Literaturtheorie des Vormärz. 3. überarbeitete Aufl. Berlin, 1962.

Geschichte der deutschen Literatur im 19. Jahrhundert. Vom Vormärz zum Naturalismus. Von einem Autorenkollektiv. Leitung u. Gesamtbearbeitung Kurt Böttcher in Zusammenarbeit mit Rainer Rosenberg (1830.1848) u. a. Berlin, 1987.

Petra Hartmann: Das „dramatische" Ende des Jungen Deutschland. In: Theaterverhältnisse im Vormärz. Forum Vormärz Forschung, Jahrbuch 2001. Bielefeld, 2001. S. 243-268.

Jan-Christoph Hauschild [Hrsg.]: Verboten! Das Junge Deutschland, 1835. Literatur und Zensur im Vormärz. Düsseldorf, 1985.

Jost Hermand [Hrsg.]: Das Junge Deutschland. Texte und Dokumente. Stuttgart, 1966.

- [Hrsg.]: Der deutsche Vormärz. Texte und Dokumente. Stuttgart, 1967, bibliographisch ergänzte Ausgabe 1976.

Roger Hilman: Zeitroman. The Novel and Society in Germany 1830-1900. Frankfurt/M. u. a., 1983.

Heinrich Hubert Houben: Jungdeutscher Sturm und Drang. Ergebnisse und Studien. Leipzig, 1911. (Reprint: Hildesheim und New York, 1974).

- Bibliographisches Repertorium. Bd. 3: Die Zeitschriften des Jungen Deutschlands. Berlin, 1906.

- Hier Zensur – wer dort? Antworten von gestern auf Fragen von heute. (Leipzig, 1918) und: Der gefesselte Biedermeier. Literatur, Kultur, Zensur in der guten alten Zeit. (Leipzig,1924). Mit einem Essay „Unparteiische Gedanken über die Zensur" von Günter de Bruyn. Leipzig, 1990.

Hans Knudsen: „Das junge Deutschland" und die Romantik. In: Euphorion 4, 1922. S. 423-424.

Helmut Koopmann: Das Junge Deutschland. Eine Einführung. Darmstadt, 1993.

- Das Junge Deutschland. Analyse eines Selbstverständnisses. Stuttgart, 1970.

Joseph A. Kruse und Bernd Kortländer [Hrsg.]: Das Junge Deutschland. Kolloquium zum 150. Jahrestag des Verbots vom 10. Dezember 1835. Hamburg, 1987.

Edward McInnes: Drama als Protest und Prophezeiung: Das historische Drama der Jungdeutschen. Aus dem Englischen übersetzt von Renate Saurer. In: Elfriede Neubuhr [Hrsg.]: Geschichtsdrama. Darmstadt, 1980. S. 303-322.

Renate Möhrmann [Hrsg.]: Frauenemanzipation im deutschen Vormärz. Texte und Dokumente. Stuttgart, 1978.

Bernd Ogan [Hrsg.]: Literaturzensur in Deutschland. Stuttgart, 1988.

Johannes Proelß: Das junge Deutschland. Ein Buch deutscher Geistesgeschichte. Stuttgart, 1892.

Rainer Rosenberg: Literaturverhältnisse im deutschen Vormärz. Berlin (O), 1975.

Kurt Rothmann: Kleine Geschichte der deutschen Literatur. Stuttgart, 1998.

Jeffrey L. Sammons: Six essays on the Young German Novel. Chapel Hill, 1972.

Manfred Schneider: Die kranke schöne Seele der Revolution. Heine, Börne, das „Junge Deutschland“, Marx und Engels. Frankfurt/M., 1980.

Takanori Teraoka: Stil und Stildiskurs des Jungen Deutschland. Hamburg, 1993.

Florian Vaßen [Hrsg.]: Die deutsche Literatur in Text und Darstellung Bd. 10: Vormärz. Stuttgart, 1975.

Bernd Witte [Hrsg.]: Deutsche Literatur. Eine Sozialgeschichte. Bd. 6. Vormärz: Biedermeier, Junges Deutschland, Demokraten 1815-1848. Reinbek bei Hamburg, 1980.

Wulf Wülfing: Schlagworte des Jungen Deutschland. Mit einer Einführung in die Schlagwortforschung. Berlin, 1982.

- Junges Deutschland. Texte – Kontexte, Abbildungen, Kommentar. München u. a., 1978.

- Jungdeutsche Landschaft 1833/35. In: Euphorion 71, 1977. S. 141-153.

Zu Georg Büchner

Lothar Bornscheuer: Erläuterungen und Dokumente: Georg Büchner: Woyzeck. Stuttgart, 1989.

Kasimir Edschmid: Georg Büchner. Eine deutsche Revolution. München, 1980.

Georg Büchner. Leben, Werk, Zeit. Katalog der Ausstellung zum 150 Jahrestag der „Hessischen Landboten". Marburg, 1985.

Georg-Büchner-Jahrbuch 1, 1981. Hrsg. v. Thomas Michael Mayer. Frankfurt/M., 1981.

- Jahrbuch 2 u. 3, 1982 und 83. Hrsg. v. Hubert Gersch, Thomas Michael Mayer und Günter Oesterle. Frankfurt/M., 1982 u 82.

Dietmar Goltschnigg: Rezeptions- und Wirkungsgeschichte Georg Büchners. Kronberg/Ts., 1975.

- (Hrsg.): Materialien zur Rezeptions- und Wirkungsgeschichte Georg Büchners. Kronberg/Ts., 1974.

Jan-Christoph Hauschild: Georg Büchner. Studien und neue Quellen zu Leben, Werk und Wirkung. Königstein/Ts., 1985.

Frederik Hetmann: Georg B. Weinheim, Basel, 1981.

Interpretationen: Georg Büchner. (Michael Voges: Dantons Tod. Walter Hinderer: Lenz. >>Sein Dasein war ihm eine notwendige Last<<. Burghard Dedner: Leonce und Lena. Alfons Glück: Woyzeck. Der Mensch als Objekt.) Stuttgart, 1990.

Josef Jansen (Hrsg.): Erläuterungen und Dokumente: Georg Büchner: Dantons Tod. Stuttgart, 1988.

Ernst Johann: Büchner. Hamburg, 1958.

Gerhard P. Knapp: Georg Büchner: Dantons Tod. Grundlagen u. Gedanken zum Verständnis des Dramas. Diesterweg, 1983.

Jürgen Manthey: Abschied von der Revolution: Georg Büchner. In: Neue Rundschau, 98. Jahrgang 1987, Heft 3. Frankfurt/M., 1987. S 93-111.

Wolfgang Martens (Hrsg.): Georg Büchner. Darmstadt, 1965.

Hans Mayer: Georg Büchner und seine Zeit. Frankfurt a. M., 1972.

Mira Miladinovic: Georg Büchners „Lenz" und Johann Friedrich Oberlins „Aufzeichnungen". Eine vergleichende Untersuchung. Frankfurt/M., Bern, New York, 1986.

Helmut Schanze: Büchners Spätrezeption. Zum Problem des „modernen" Dramas in der zweiten Hälfte des 19. Jahrhunderts. In: Gestaltungsgeschichte und Gesellschaftsgeschichte. Literatur- , kunst- und musikwissenschaftliche Studien. In Zusammenarbeit mit Käte Hamburger hrsg. v. Helmut Kreuzer. Stuttgart, 1969.

Gerhard Schaub: Erläuterungen und Dokumente: Georg Büchner: Lenz. Stuttgart, 1987.

Friedrich Strack: Georg Büchner. In: Deutsche Schriftsteller im Porträt 4. Das 19. Jahrhundert. Hrsg. v. Hiltrud Häntzschel. München, 1981. S. 24-25.

Zu Karl Gutzkow

Walter Dietze: Junges Deutschland und deutsche Klassik. Zur Ästhetik und Literaturtheorie des Vormärz. 3. überarbeitete Aufl. Berlin, 1962. S. 98-108.

Eitel Wolf Dobert: Karl Gutzkow und seine Zeit. Bern und München, 1968.

Rainer Funke: Beharrung und Umbruch 1830 - 1860. Karl Gutzkow auf dem Weg in die literarische Moderne. Frankfurt/M., Bern, New York, Nancy, 1984.

Volkmar Hansen: Karl Gutzkow. In: Hiltrud Häntzschel (Hrsg.): Deutsche Schriftsteller im Porträt 4. Das 19. Jahrhundert. Restaurationsepoche. Realismus. Gründerzeit. München, 1981. S. 68-69.

Heinrich Hubert Houben: Gutzkow-Funde. Beiträge zur Litteratur- und Kulturgeschichte des neunzehnten Jahrhunderts. Berlin: Wolff, 1901.

- Karl Gutzkow. In: H.H.H.: Jungdeutscher Sturm und Drang. Hildesheim, New York, 1974. (Reprint der Ausgabe Leipzig, 1911) S. 503-548.

Hans Knudsen: Theodor Mundt und Karl Gutzkow. In: Euphorion 24, 1922. S. 424-425.

Edward McInnes: Drama als Protest und Prophezeiung: Das historische Drama der Jungdeutschen. In: Elfriede Neubuhr (Hrsg.): Geschichtsdrama. Darmstadt, 1980. S. 303-322.

Paul Alfred Merbach: Karl Gutzkow über seinen Uriel Acosta. In: Euphorion. Zeitschrift für Literaturgeschichte. 23. Bd., Jhg. 1921.

Marsha Meyer: Wally, die Zweiflerin and Madonna: A Discussion of Sex-Socialization in the Nineteenth Century. In: Beyond the Eternal Feminine. Critical Essays on Women and German Literature. Hrsg. v. Susan L. Cocalis u. Kay Goodman. Stuttgart, 1982. S. 135-158.

Johannes Proelß: Karl Ferdinand Gutzkow. In: Allgemeine deutsche Biographie. Neudruck der 1. Auflage von 1893. Berlin, 1971. Bd. 10, S. 227-236.

Margarete Schönfeld: Gutzkows Frauengestalten. Ein Kapitel aus der literarhistorischen Anthropologie des 19. Jahrhunderts. Berlin, 1933.

Erwin Wabnegger: Literaturskandal. Studien zur Reaktion des öffentlichen Systems auf Karl Gutzkows Roman „Wally, die Zweiflerin“ (1835-1848). Würzburg, 1987

Zu Heinrich Heine

Werner Bellmann (Hrsg.): Erläuterungen und Dokumente: Heinrich Heine: Deutschland. Ein Wintermärchen. Stuttgart, 1984.

Gerd Eversberg: Heinrich Heine: Die Harzreise. Hollfeld, 1984.

Georg Eversberg: Heinrich Heine: Deutschland. Ein Wintermärchen. Hollfeld, 1986.

Hans Magnus Enzensberger: Ludwig Börne und Heinrich Heine, ein deutsches Zerwürfnis. Leipzig, 1991.

Wolfgang Hädecke: Heinrich Heine. Eine Biographie. München, 1985.

Stefan Heym: Heines „Atta Troll". Versuch einer Analyse. Frankfurt a. M., 1986.

Günter Häntzschel: Das literarische Helgoland. Eine Insel zwischen Utopie und Apologie. In: Das schwierige 19. Jahrhundert. Germanistische Tagung zum 65. Geburtstag von Eda Sagarra im August 1998. Hrsg. v. Jürgen Barkhoff, Gilbert Carr und Roger Paulin. Tübingen, 2000. S. 27-40.

Hans-Christian Kirsch: ... und küßte des Scharfrichters Tochter. Heinrich Heines erste Liebe. Frankfurt a. M., 1981.

Lew Kopelew: Ein Dichter kam vom Rhein. Heinrich Heines Leben und Leiden. Aus dem Russischen von Helga Jaspers und Ulrich H. Werner. Berlin, 1981.

Bernd Kortländer: Heinrich Heine, die Nordsee und Cuxhaven. In: Am Werfte von Cuxhaven. Hrsg. vom Förderverein Cuxhaven e. V. Otterndorf, 2000. S. 5-27.

Karl Kraus: Heine und die Folgen. In: K.K.: Heine und die Folgen. Schriften zur Literatur. Ausgewählt und erläutert von Christian Wagenknecht. Stuttgart, 1986.

Ludwig Marcuse: Heinrich Heine. Mit Selbstzeugnissen und Bilddokumenten. Reinbeck bei Hamburg,1986.

D. P. Meier-Lenz: Heinrich Heine - Wolf Biermann: Deutschland. ZWEI Wintermärchen – ein Werkvergleich. Bonn, 1977.

Fritz J. Raddatz: Heine. Ein deutsches Märchen. Reinbeck bei Hamburg, 1988.

Eckhard Wallmann: Heinrich Heine auf Helgoland. Briefe, Berichte und Bilder aus den ersten Jahren des Seebades Helgoland. Helgoland, 2002.

Manfred Windfuhr: Heinrich Heine. In: Deutsche Schriftsteller im Porträt 4: Das 19. Jahrhundert. Restaurationsepoche. Realismus. Gründerzeit. Hrsg. v. Hiltrud Häntzschel. München, 1981. S. 76-77.

Zu Gustav Kühne

Walter Dietze: Theodor Mundt und Gustav Kühne. In: W.D.: Junges Deutschland und deutsche Klassik. Berlin, 1957. 3. überarbeitete Auflage 1962. S. 83-88.

Walter Grupe: Mundts und Kühnes Verhältnis zu Hegel und seinen Gegnern. Halle, 1928.

Thomas Joseph Hajewski: Gustav Kühnes Jungdeutsche Novellen. An Analysis of their works and their Relationship to Young Germany. Maryland, 1974.

William P. Hanson: F. G. Kühne. A forgotten Young German. In: German Life and Letters 17, 1964.

Petra Hartmann: Faust und Don Juan. Ein Verschmelzungsprozeß, dargestellt anhand der Autoren: Wolfgang Amadeus Mozart, Johann Wolfgang von Goethe, Nikolaus Lenau, Christian Dietrich Grabbe, Gustav Kühne und Theodor Mundt. Stuttgart, 1998.

Kurt Haß: Gustav Kühne als Herausgeber der „Europa“ (1846-1859). Wiesbaden u. Frankfurt/M., 1973.

Ian Hilton: Nationalismus und die europäische Dimension in Ferdinand Gustav Kühnes „Europa“. In: Martina Lauster (Hrsg.): Deutschland und der europäische Zeitgeist. Kosmopolitische Dimensionen in der Literatur des Vormärz. Bielefeld, 1994.

Heinrich Hubert Houben: Gustav Kühne. In: H.H.H.: Jungdeutscher Sturm und Drang. Hildesheim/New York, 1974 (Nachdruck der Ausgabe Leipzig, 1911).

Edgar Pierson: Gustav Kühne, sein Lebensbild und Briefwechsel mit Zeitgenossen. Dresden, o. J. (1890).

Johannes Proelß: Ferdinand Gustav Kühne. In: Allgemeine deutsche Biographie. Neudruck der 1. Auflage von 1893. Berlin, 1971. Bd. 51, S. 431-435.

Jeffrey L. Sammons: Ferdinand Gustav Kühne: Eine Quarantäne im Irrenhause. In: J.L.S.: Six essays on the Young German Novel. Chapel Hill, 1972.

Karl Wolf: Gustav Kühne, seine Entwicklung als Novellist und Romanschriftsteller und sein Verhältnis zum Jungen Deutschland. Göttingen, 1925.

Zu Heinrich Laube

Georg Altmann: Heinrich Laubes Prinzip der Theaterleitung. Ein Beitrag zur Ästhetik der dramatischen Kunst im 19. Jahrhundert. Dortmund, 1908

William J. McGrath: Heinrich Laube and the Vienna *Burgtheater*: Political Theater and Theatrical Politics. In: Giesela Brude-Firnau, Karin J. MacHardy [Hrsg]: Fact and Fiction. German History and Literature 1848-1924. Tübingen, 1990.

Mark Joel Webber: The Concept of organic growth in Young Germany (Laube, Mundt, Wienbarg). Yale, 1976.

Jakob Karg: Poesie und Prosa. Studien zum Literaturverständnis des Jungdeutschen Heinrich Laube. Bielefeld, 1993. S. 136.

Zu Theodor Mundt

Olaf Briese: „... dann wollen wir von ganzem Herzen sterben!“. Theodor Mundt und die Unsterblichkeitsauffassungen des Jungen Deutschlands. In: Zeitschrift für Germanistik. Neue Folge. 3/1995. S. 523-534.

[Franz] Brümmer: Theodor Mundt. In: Allgemeine deutsche Biographie. Neudruck der 1. Aufl. von 1886. Berlin, 1970. Bd. 23, S. 10-12.

Edgar C. Cumings: Woman in the life and Work of Theodor Mundt. Chicago, 1936.

Walter Dietze: Theodor Mundt und Gustav Kühne. In: W.D.: Junges Deutschland und deutsche Klassik. Berlin, 1957. 3. überarbeitete Auflage 1962. S. 83-88.

Otto Draeger: Theodor Mundt und seine Beziehungen zum Jungen Deutschland. Marburg, 1909.

Hans Düvel: Nachwort zu: Theodor Mundt: Ästhetik. Die Idee der Schönheit und des Kunstwerks im Lichte unserer Zeit. Faksimiledruck nach der 1. Auflage von 1845. Göttingen, 1966. S. 391-403.

– Nachwort zu: Theodor Mundt: Die Kunst der deutschen Prosa. Ästhetisch, literargeschichtlich, gesellschaftlich. Faksimiledruck nach der 1. Auflage von 1837. Göttingen, 1969. S. 417-430.

Alfred Estermann: Inhaltsanalytische Bibliographien deutscher Kulturzeitschriften des 19. Jahrhunderts. München u. a., 1996. (Der Freihafen: S. 141-194.)

Hubertus Fischer: Theodor Mundt 1848. In: Jahrbuch für die Geschichte Mittel- und Ostdeutschlands. Zeitschrift für vergleichende und preußische Landeskunde. Hrsg. von Klaus Neitmann und Wolfgang Neugebauer. Bd. 47, 2001. S. 137-192.

Annemarie Gethmann-Siefert: Hegelsches gegen Hegel. In: Hegel-Studien Bd.15. Hrsg. v. Nicolin u. Otto Pögeler. Bonn, 1980. S.271-278.

Walter Grupe: Mundts und Kühnes Verhältnis zu Hegel und seinen Gegnern. Halle, 1928.

Volkmar Hansen: Theodor Mundt. In: Deutsche Schriftsteller im Portrait. 4. Das 19. Jahrhundert. Hrsg. v. Hiltrud Häntzschel. München, 1981. S. 122f.

Petra Hartmann: Faust und Don Juan. Ein Verschmelzungsprozeß, dargestellt anhand der Autoren: Wolfgang Amadeus Mozart, Johann Wolfgang von Goethe, Nikolaus Lenau, Christian Dietrich Grabbe, Gustav Kühne und Theodor Mundt. Stuttgart, 1998.

- Geschichtsschreibung für die Gegenwart: Theodor Mundt und Ludolf Wienbarg. In: 1848 und der deutsche Vormärz. Forum Vormärz Forschung, Jahrbuch 1997. Bielefeld, 1997. S. 43-54.

Heinrich Hubert Houben: Jungdeutsche Lebenswirren. Journalistische Verwandlungskünste. Privatdozent und Schriftsteller. In: H.H.H.: Jungdeutscher Sturm und Drang. Ergebnisse und Studien. Leipzig, 1911. (Reprint: Hildesheim und New York, 1974). S. 395-502.

Alexander Jung: Thomas Müntzer. Ein deutscher Roman. Von Theodor Mundt. In: Jahrbücher für die wissenschaftliche Kritik. No. 101, Juni 1842. S. 801-823.

Hans-Joachim Kertscher: Das Bild Thomas Müntzers in den Müntzer-Romanen von Theodor Mundt und Ludwig Köhler. In: Wissenschaftliche Zeitschrift Martin-Luther-Universität Halle-Wittenberg. Gesellschafts- und Sprachwissenschaftliche Reihe, 2. XXXIX/1990. S. 17-25.

Hans Knudsen: Theodor Mundt und Karl Gutzkow. In: Euphorion 24, 1922. S. 424-425.

Anita Liepert: Mundts Müntzer-Roman im Kontext liberaler Diskussion. In: Weimarer Beiträge, 36 Jg., 1990, 5. 845-859.

Marsha Meyer: Wally, die Zweiflerin and Madonna: A Discussion of Sex-Socialization in the Nineteenth Century. In: Beyond the Eternal Feminine. Critical Essays on Women and German Literature. Hrsg. v. Susan L. Cocalis u. Kay Goodman. Stuttgart, 1982. S. 135-158.

Ernst-Ullrich Pinkert: „Noch nicht“ und „Doch schon“. Theodor Mundts Roman „Thomas Müntzer“. In: Der Ginkgobaum. Germanistisches Jahrbuch für Nordeuropa. Zweite Folge. Hrsg. v. den Deutschlektoraten bei den DDR-Kulturzentren in Helsinki und Stockholm, 1983. S. 59-75.

Walter Prinz: Theodor Mundt als Literarhistoriker. Halle A. S., 1912.

Robert E. Prutz: Thomas Müntzer. Ein deutscher Roman. Von Theodor Mundt. In: Deutsche Jahrbücher für Wissenschaft und Kunst. No. 60-63, 1842. S. 239-252.

Hanna Quadfasel: Theodor Mundts Literarische Kritik und die Prinzipien seiner „Ästhetik“. Heidelberg, 1932.

Friedrich Radewell: Thomas Müntzer. In: Telegraph für Deutschland, Nr. 29, Februar 1842.

Inge Rippmann: Die ersäuften Liebhaber. Zu einem Motiv zweier Werke aus dem Jahr 1835. In: Emancipation des Fleisches“. Erotik und Sexualität im Vormärz. Forum Vormärz Forschung, Jahrbuch 1999. Bielefeld, 1999. S. 37-65.

Jeffrey L. Sammons: Theodor Mundt – a revaluation. In: J. L. S.: Six essays on the Young German Novel. Chapel Hill, 1972. S. 52-80)

Harald Schmidt: Jungdeutsche Publizistik als >Ideenzirkulation<. Ludwig Börnes *Ankündigung der Wage* und Theodor Mundts Essay *Zeitperspektive*. In: Vormärzliteratur in Europäischer Perspektive. Hrsg. von Martina Lauster und Günter Oesterle. Bd. 2. Bielefeld, 1998. S. 207-228.

Lynne Tatlock: Grim Wives' Tales: Mundt's Stieglitz, Stieglitz' Goethe. In: Monatshefte für deutschen Unterricht, deutsche Sprache und Literatur. Bd. 82, Nr. 4, 1990. S. 467-486.

Mark Joel Webber: The Concept of organic growth in Young Germany (Laube, Mundt, Wienbarg). Yale, 1976.

– Mundt's „Madonna“ and Schiller's „Spaziergang“: The city in history and literature. In: Germanoslavica. A Canadian Journal of Germanic and Slavic comparative studies. Waterloo, Ontario, Herbst 1976, Bd. II, Nr. 2. S. 77-86.

Hermann F. Weiss: „Eine fortwährende Kriegsführung“. Zum literarischen Schaffen Theodor Mundts nach 1835. In: Jahrbuch des Wiener Goethe-Vereins. Bd. 82, 1978. S. 291-307.

Johannes Willms: Von der Rute der Zensur zerbrochen: Theodor Mundt. In: Jörg-Dieter Kogel [Hrsg.]: Schriftsteller vor Gericht. Verfolgte Literatur in vier Jahrhunderten. Zwanzig Essays. Frankfurt/M., 1996. S. 89-101.

Zu Luise Mühlbach [Clara Mundt]

William H. McClain und Lieselotte E. Kurth-Voigt: Clara Mundts Briefe an Hermann Costenoble. Zu L. Mühlbachs historischen Romanen. In: Archiv für Geschichte des Buchwesens. Hrsg. v. d. historischen Kommission des Börsenvereins des Deutschen Buchhandels. Bd. XXII, 1981. S. 918-1250.

Renate Möhrmann: Luise Mühlbachs kecke Jahre. In: R. M.: Die andere Frau. Emanzipationsansätze deutscher Schriftstellerinnen im Vorfeld der Achtundvierziger-Revolution. Stuttgart, 1977. S. 60-84.

Cornelia Tönnesen: Die Vormärz-Autorin Luise Mühlbach. Vom sozialkritischen Frühwerk zum historischen Roman. Mit einem Anhang unbekannter Briefe an Gustav Kühne. Neuss, 1997.

Zu Charlotte und Heinrich Stieglitz

Klaus Doderer: Heinrich Stieglitz. In: Zeitschrift für deutsche Philologie. 74. Bd., 1955. S. 185-190.

Ludwig Geiger: Heinrich und Charlotte Stieglitz. In. L.G.: Dichter und Frauen. Vorträge und Abhandlungen. Berlin, 1896. S. 246-265.

Franz Josef Görtz (Hrsg.): Charlotte Stieglitz: Gedichte und Briefe. Frankfurt/M., 1987.

Friedrich Kummer: „Stieglitz, Heinrich Wilhelm August“ und „Charlotte St. geb. Willhöft“. In: Allgemeine deutsche Biographie. Neudruck der 1. Auflage von 1893. Berlin, 1971. Bd. 36. S. 177-180.

Susanne Ledanff (Hrsg.): Charlotte Stieglitz. Geschichte eines Denkmals. Frankfurt/M., Berlin, 1986.

Werner Leibbrand: Der Selbstmord der Charlotte Stieglitz. In: Deutsche Medizinische Wochenschrift 50, 1934. S. 1929-1931.

Theodor Mundt: Charlotte Stieglitz, ein Denkmal. Berlin, 1835.

Wolfgang Promies: Der ungereimte Tod, oder wie man Dichter macht. Zum 150. Todestag von Charlotte Stieglitz. In: Akzente. Zeitschrift für Literatur. Hrsg. v. Michael Krüger. 32. Jg., 1985. S. 560-575.

Lynne Tatlock: Grim Wives' Tales: Mundt's Stieglitz, Stieglitz' Goethe. In: Monatshefte für deutschen Unterricht, deutsche Sprache und Literatur. Bd. 82, Nr. 4, 1990. S. 467-486.

Zu Ludolf Wienbarg

Max Bartholomey: Ludolf Wienbarg, ein pädagogischer Reformer des „Jungen Deutschland". Langensalza, 1912.

Gerhard Burkhardt: Ludolf Wienbarg als Ästhetiker und Kritiker. Hamburg, 1956.

Walter Dietze: Einleitung zu: Ludolf Wienbarg: Ästhetische Feldzüge. Berlin (O.) und Weimar, 1964.

Alfred Estermann: Ein deutscher Grieche. Nachwort zu: Ludolf Wienbarg: Nach Helgoland und anderswohin. Gedanken auf Reisen. Hrsg. v. Alfred Estermann. Nördlingen, 1987. S. 207-231.

Adolf Graf: Freiheit und Schönheit bei Ludolf Wienbarg. Ein Beitrag zur Ästhetik des Jungen Deutschland. Bonn, 1952.

Günter Häntzschel: Das literarische Helgoland. Eine Insel zwischen Utopie und Apologie. In: Das schwierige 19. Jahrhundert. Germanistische Tagung zum 65. Geburtstag von Eda Sagarra im August 1998. Hrsg. v. Jürgen Barkhoff, Gilbert Carr und Roger Paulin. Tübingen, 2000. S. 27-40.

Petra Hartmann: Geschichtsschreibung für die Gegenwart: Theodor Mundt und Ludolf Wienbarg. In: 1848 und der deutsche Vormärz. Forum Vormärz Forschung, Jahrbuch 1997. Bielefeld, 1997. S. 43-54.

Timon Hommes: Holland im Urteil eines Jungdeutschen. Amsterdam, 1926.

Heinrich Hubert Houben: Ludolf Wienbarg. In: H.H.H.: Jungdeutscher Sturm und Drang. Leipzig, 1911.

Viktor Schweizer: Ludolf Wienbarg. Beiträge zu einer Jungdeutschen Ästhetik. Leipzig, 1897.

Mark Joel Webber: The Concept of organic growth in Young Germany (Laube, Mundt, Wienbarg). Yale, 1976.

Zum Demetrius-Stoff

Walter Flex: Die Entwicklung des tragischen Problems in den deutschen Demetriusdramen von Schiller bis auf die Gegenwart. Eisenach, 1912.

Elisabeth Frenzel: Demetrius. In: E. F.: Stoffe der Weltliteratur. Ein Lexikon dichtungsgeschichtlicher Längsschnitte. 2. überarbeitete Aufl. Stuttgart, 1963. S. 154-157.

Klaus H. Hilzinger: Der betrogene Betrüger und das betrogene Volk. Schillers Demetrius im 19. Jahrhundert. In: „Weine, weine, Du armes Volk!“ Das verführte und betrogene Volk auf der Bühne. Gesammelte Vorträge des Salzburger Symposions 1994. Hrsg. v. Peter Csobádi u. a. Bd. 2. Anif/Salzburg, 1995. S. 473-483.

Herbert Kraft: Schillers „Demetrius“ als Schicksalsdrama. Mit einer Bibliographie „Demetrius in deutscher Dichtung“. In: Festschrift für Friedrich Beißner. Hrsg. v. Ulrich Gaier und Werner Volke. Bebenhausen, 1974. S. 226-236.

Ferdinand Gustav Kühne: Bodenstedts Demetrius und der Schillersche Entwurf. In: Europa 8, 1856. Sp.193-198.

Adolf Mielke: Schillers Demetrius. Nach seinem szenischen Aufbau und seinem tragischen Gehalt. Dortmund, 1906. (Reprint Hildesheim, 1978.)

Birgit Osterwald: Das Demetrius-Thema in der russischen und deutschen Literatur. Dargestellt an A. P. Sumarokovs „Dimitrij Samozvanec“, A. S. Puskins „Boris Godunov“ und F. Schillers „Demetrius“. Münster, 1982.

Sergej O. Prokofieff: Das Rätsel des Demetrius. Versuch einer Betrachtung aus historischer, psychologischer und geisteswissenschaftlicher Sicht. Dornach, 1992.

Weitere Sekundärliteratur

Rudolf Göhler: Geschichte der Deutschen Schiller-Stiftung. 2 Bde. Berlin, 1909.

Maurice Nadeau: Geschichte des Surrealismus. Reinbek bei Hamburg, 1986. S. 78.

Feodor Wehl: Ganz Helgoland für 10 Silbergroschen. Hamburg, 1861.

***ibidem*-Verlag**

Melchiorstr. 15

D-70439 Stuttgart

info@ibidem-verlag.de

www.ibidem-verlag.de
www.ibidem.eu
www.edition-noema.de
www.autorenbetreuung.de

Zeitfracht Medien GmbH
Ferdinand-Jühlke-Straße 7
99095 Erfurt, Deutschland
produktsicherheit@kolibri360.de